人には聞けない

60歳からの ビジネスマナー

株式会社高齢社 監修

JN202067

宝島社

はじめに

定年後も明るく楽しく働き続けよう

▼今のシニアは、昔のシニアよりも〝若い〟

かつては、「定年を迎えたら、あとは悠々自適に生活」というのが常識、あるいは多くの人にとっての理想の老後像とされていました。

実際のところ、若いころに「働かずに生活できたら……」などと夢見ていた、という人も多いでしょう。

ところが現在は「人生１００年時代」といわれるようになり、**かつての60代や70代に対して抱いていたような〝老人〟のイメージは、今の同じ世代の人たちには当てはまらなくなってきています**。ましてや世界に冠たる「長寿国家」である日本に暮らす私たちの場合は、なおさらです。

子どものときにイメージしていた50代や60代、あるいは70代の人たちと、同じ年齢を迎えた自分を比べてみたときに「自分はまだまだ老人じゃない！」と感じている人も多いはずです。

とはいえ、「やっぱり老後は仕事に縛られずに暮らしたい」と考える人も多いでしょう。

しかし、一般的に「定年」を迎えることになる65歳を超えても働くシニア世代が増え続けている現在、定年後に働くことの「メリット」や「効果」が見直されてきています。

定年後も働くことには多くのメリットがある

まず、**定年後も働き続けることによって、生活に張りが出て、精神面にもよい刺激を与える**ことができます。こうしたことが**病気の予防につながり、さらには認知症予防にも効果がある**ことがわかっています。

また、深刻な少子高齢化の影響もあり**「人手不足」が叫ばれる現在の日本の労働市場では、すでに定年を迎えたシニアが求められる職場が増えてきています。**

必要な人材として職場から求められて働くことは「社会に役立つ」ことでもあり、

働きがいや生きがい、日々の生活の充実感にもつながるでしょう。

そして金銭面においても、**働くことで単純に収入が増えるだけでなく、厚生年金の加入期間が伸びる人が多いため、結果として将来の年金受給額も増えます。**

こうして見ていくと、定年後に働くことは、決して〝ネガティブなこと〟ではないととらえられるはずです。


もちろん、働かなくても趣味やボランティアなどを生きがいとして、生き生きと暮らしている人たちはたくさんいます。

しかし、人や社会とのつながり、そして金銭面でのメリットという側面では、「自分にとって無理のない範囲で仕事をする」ことのほうが、より満足につながる可能性は高いといえるでしょう。

また、趣味やボランティアは働きながら続けることもできます。まだまだ働く元気があるのなら、仕事と趣味を両立したほうが生活にメリハリが出るうえ、気持ちにも余裕が生まれます。

▼「幸せな老後」のための条件

幸せな老後を過ごすためには、3つの条件が求められます。それは、「健康であること」「人や社会とのつながり」「そこそこのお金」です。

そして、この3つは「無理なく働く」ことで実現できます。

仕事を続けることが「健康」につながることは、先ほど説明したとおりです。

また、「人や社会とのつながり」を持つことで、孤独に陥らずにすみます。若いころと比べて気力や体力が減退しがちなシニアにとって、孤独は心身に大きなダメージを与える一因となります。

そして、大切なのは「そこそこのお金」。身の丈にあった生活の中で、自分の趣味や友人との飲み会を楽しめて、孫にときどきお小遣いをあげられるくらいの収入です。もちろん、現役のときほどたくさん稼ぐ必要はないので、フルタイムで働く必要はありません。週2~3日程度でもよいので「無理なく働く」ことが、結果として健康だけでなく、心の余裕にもつながります。

増え続ける「65歳以上」の労働者

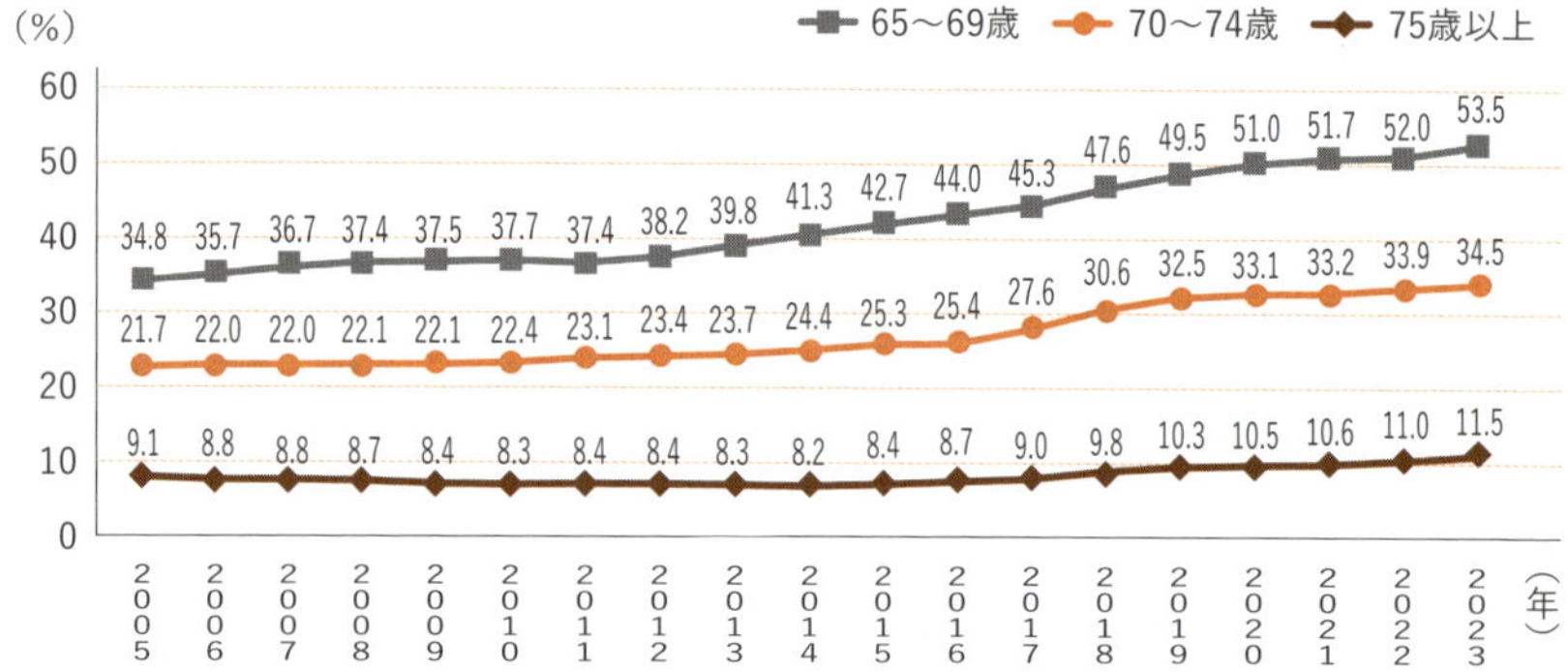

出典：内閣府「令和6年版高齢社会白書（全体版）」

もし、この本を手に取ってくださったあなたが定年後の生活に不安を抱えているのなら、**まずは飛び込んで、仕事をはじめてみる**ことをおすすめします。

どんな仕事でも構わないので、やりがいを感じられる仕事を探してみましょう。

人生１００年時代に、長い老後を楽しく過ごすためには「生きがい」や「人や社会とのつながり」が必須といえるでしょう。

それらを与えてくれるのが、「無理なく働く」ことなのです。

それではさっそく、充実した老後を実現するための方法を学んでいきましょう。

STAFF

編集・執筆	小芝俊亮（小道舎）
装丁	FANTAGRAPH
本文デザイン	森田千秋（Q.design）
DTP	G.B. Design House
イラスト	本村誠
企画・編集	田中早紀

もくじ

第4章 ▼ 職場でのコミュニケーションの基本

序章

健康で楽しく働き続けるための心がまえ

無理なく元気に働くために必要な5つの柱

▼自分の体調やメンタルを十分に気づかう

シニアが働くうえで意識しておきたい「5つの柱」があります。
それは、「健康管理」「労働環境」「新しい知識やスキルの習得」「ワークライフバランス」「コミュニケーション」です。

年齢を重ねても長く働き続けるためには、この5つの柱が欠かせません。
60歳以上の**シニア世代の人たちが楽しく働き続けるためには、若いころ以上に自分の体調やメンタルを気づかう必要があります**。昔のように、やる気や向上心、体力、忍耐力などで乗り切ろうとしても、結局は心身を疲弊させてしまい、せっかくはじめた仕事も長続きしないからです。

仕事を探す際にも、これから解説する5つの柱を満たせる職場かどうかを意識しながら選ぶとよいでしょう。

①健康管理

定年後も長く働き続けるためには、健康管理は「もっとも大切」といっても過言ではありません。

適切な食事や適度な運動、規則正しい生活や睡眠といった生活習慣はもとより、定期的な健康チェックや予防接種なども欠かせません。

何よりも、体調を良好に保っておかないと、楽しく人と関わりながら仕事を続けることができません。

また、人生100年時代には「健康寿命」も大切です。**健康に長生きすることが、充実した人生につながる**のです。

②労働環境

シニアになると避けられないのが体力の低下。若いころのように無理がきかなくなるのは仕方のないことです。

そのため、**自分のペースで働ける環境が重要**になります。週2〜3日程度の勤務やリモートワーク、一つの仕事を何人かで分担するワークシェアリングなど、**柔軟な働き方ができる職場を見つける**ことで、楽しく、長く働くことが可能になります。

近年は「エイジフレンドリー」（132ページ参照）の取り組みも広まりつつあるので、今後はシニアが働きやすい職場も増えていくでしょう。

「無理のない働き方」の選択肢

③新しい知識やスキルの習得

現在、オフィスワークにおいてPCスキルは必須といっていいでしょう。これは、今のシニア世代が働きはじめた30〜40年前には考えられないことでした。そして、**これからも労働環境は変化し続けます**。

こうした変化に対応するためにも、スキルアップは極めて重要です。「自分たちの時代はこうだった」「もう年だから」などと頑《かたくな》にならずに、**積極的に新しいスキルを学ぶことで仕事の幅も広がり、自信にもつながります**。苦手意識があっても最初から避けるのではなく、まずは「興味を持つ」「やってみる」ことからはじめましょう。

定年後に役立つスキルの例

④ワークライフバランス

働くうえでワークライフバランスは非常に重要です。

とくにシニアの場合は、仕事とプライベートの時間のバランスの確保は、心身の健康を保ちながら、楽しく、長く働くための必須の条件といえるでしょう。

定年後は、昇給やキャリアアップのためにあくせく働く必要はありませんし、重い責任を負う必要もありません。もちろん、任された仕事をまっとうすることは大切ですが、**お金のためではなく、「趣味や日々の生活を充実させるために働く」**という意識を持ったほうが、仕事も長続きします。

「仕事」と「プライベート」の好循環

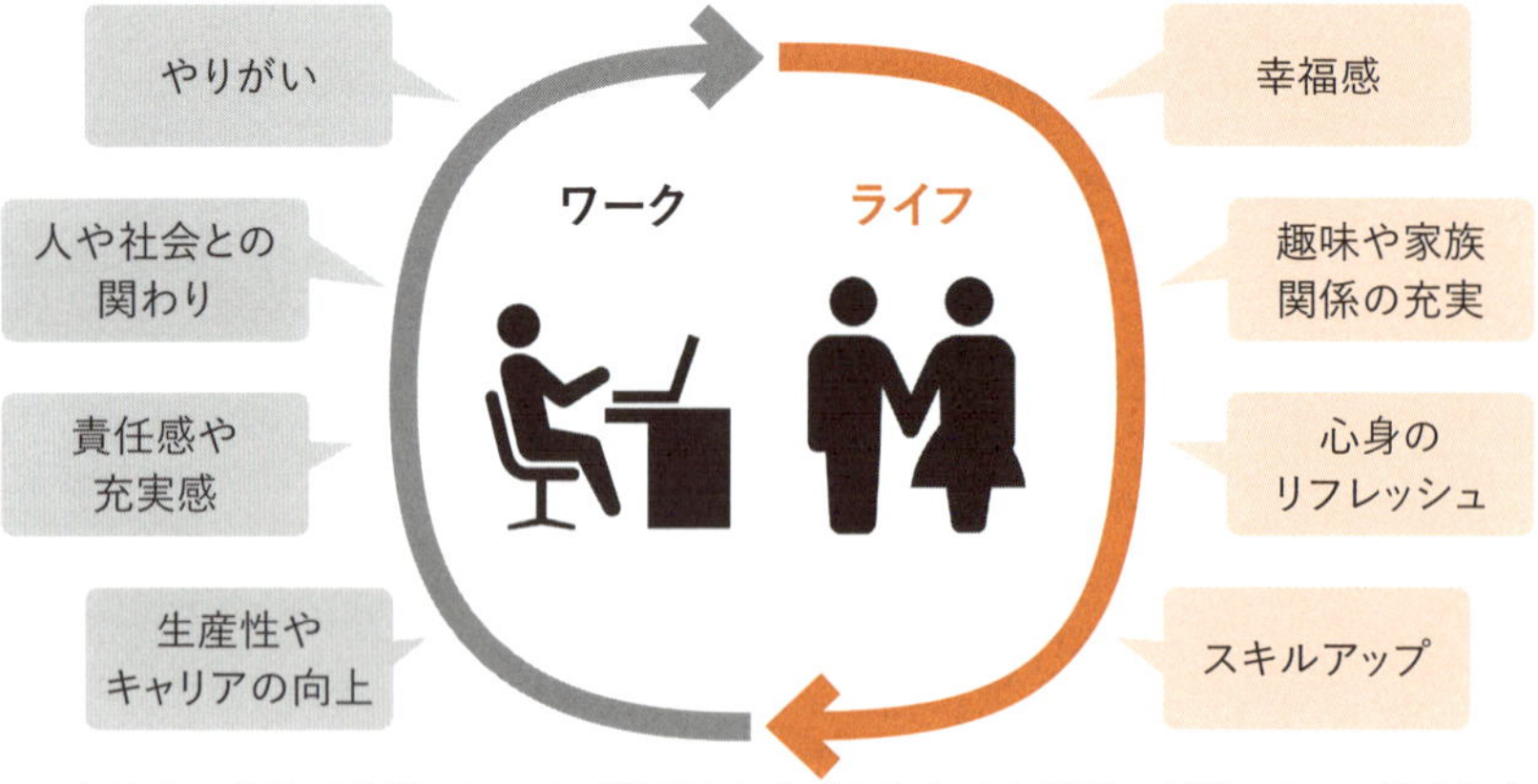

ワークライフバランスを保つことで、「仕事」と「プライベート」が互いを補い合い、双方によい効果を与える好循環をもたらす。

⑤コミュニケーション

シニア世代には、長年培ってきた経験やスキル、人脈などがあります。

一方で、若い世代には最新の知識やスキル、バイタリティなどがあります。

この2つを掛け合わせて大きな成果をあげるためには、円滑なコミュニケーションが求められます。

とはいえ、「若い世代と仲良くしよう！」などと意気込んで、無理に食事やお酒に誘うと嫌がられる可能性も。まずは**コミュニケーションの基本である毎日の挨拶や笑顔、業務上の意見交換やアドバイスといった「当たり前のこと」からはじめましょう。**

コミュニケーション能力の「4つの要素」

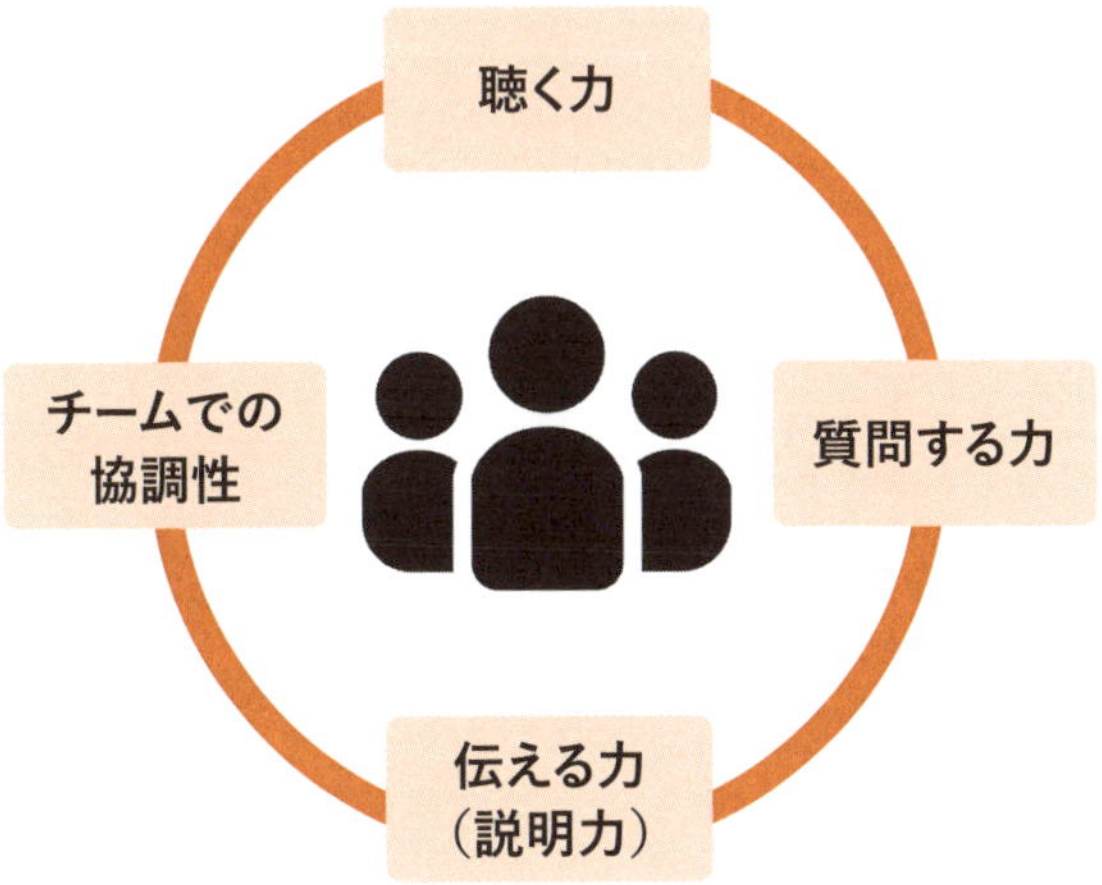

COLUMN

これからのシニアは「はげあたま」が大切

「はげあたま」とは？

はたらいて **げ**んきになろう

あかるく **た**のしく **ま**えむきに

楽しく、長く働き続けるためのコツ

本書を監修しているシニア専門の人材派遣会社、株式会社高齢社のモットーは「はげあたま」です。これは、**「働いて元気になろう。明るく楽しく前向きに」**から取ったもの。

よく、シニアが仕事を続ける理由として「元気だから働く」ということがありますが、高齢社では「働くから元気になる」をスローガンとしています。

誰だって、「暗く(⇕明るく)」「つまらなく(⇕楽しく)」「後ろ向き(⇕前向き)」な人と一緒に仕事をしたいなんて思いません。「はげあたま」は、周りの人といい関係を築きながら、楽しく、長く働き続けるためのコツなのです。

第1章

多様化する現代のビジネスマナー

マナーとは心を〝かたち〟にしたもの

▼人は「偉くなる」とマナーを忘れてしまう

この本を手に取ってくださったみなさんは、はるかウン十年前の新社会人時代に、所属する会社や組織の研修や、事務・営業などといった現場での実践を通して、しっかりとビジネスマナーを学んできたことでしょう。

だから、「今さらマナーなんて学んでどうするの?」などと、疑問に思う人もいるかもしれません。

しかし、みなさんもテレビなどを見ていて、「立派な企業の社長なのに、なんでこんなに印象の悪い態度で話をするんだろう?」「国を代表する政治家として、その立ち居振る舞いはどうなの?」などと、首をかしげた経験はありませんか?

なぜ、そうした残念なことが起こるのかというと、長年同じ環境で過ごしているうちに、その人が「偉くなってしまった」ことが原因である場合が多いようです。一度偉くなってしまうと、少し態度が悪かったり悪印象だったりしても、周りの人は誰も指摘してくれなくなってしまいます。

平成、令和と時代を経て、働くことへの価値観やコミュニケーションの常識が変わっているにもかかわらず、本人が正しく気づけていないという場合もあります。また、現代はモラルが重視されるようになり、今までどおりの考え方や振る舞いでは〝ハラスメント〟と受け取られるケースが増えています。

▼マナーの基本となる4つの要素

マナーとは、心を〝かたち〟にしたものです。

つまり、いちばん大切なのは、あなたの「気持ち」ということです。

だから、「正しいマナーを身につけなければ」「絶対に間違ってはいけない」などと、堅苦しく考える必要はありません。

仮にマナーが間違っていたとしても、「心（気持ち）」は自然と相手に伝わります。たとえマナーを間違って恥をかいてしまったとしても、修正して次からうまくできるようになればいいのです。

マナーの基本となる4つの要素

敬意　感謝

4つの心を表す言葉

＝

ありがとう

思いやり（愛）　謙虚

マナーに限らず、こうした失敗と修正を繰り返すことで、人は何歳になっても成長していくことができます。

マナーの基本である「心（気持ち）」を伝えるうえでもっとも大切なのが、「感謝」「謙虚」「敬意」「思いやり（愛）」という4つの要素です。

「そんな簡単なことでいいの？」と思う人もいるかもしれませんが、実際には、この4つのことを常に意識し、相手にうまく伝えることは難しいものです。

しかし、心配ご無用です。これらの心を相手に表す便利な言葉があるからです。

それは、**「ありがとう」**です。

この「ありがとう」という言葉が自然に口から出てくるようになれば、マナーの第一ステップは超えられた、と考えていいでしょう。

心を伝えるための基本は「思いやり」

マナー、つまり「心」は、「言葉」と「行動（振る舞い）」に表れます。

心がなく「口先」だけであれば、それは相手にもわかってしまいますし、当然ながら「心」は伝わりません。

心を伝えるための基本は、「思いやり」です。

そして「思いやり」の基本は、**自分がされて嫌なことを相手にしない**ことです。

そのうえで、**自分がしてほしいと思うことを相手にしてあげる**ことも大切です。

ただし、自分がしてほしいことを、相手もしてほしいと思っているかはわからないので注意が必要です。

つまり、**相手の状況を慮《おもんばか》って、相手がしてほしいであろうことをする**ことが、相手を思いやる、ということなのです。

ビジネスマナーがなぜ必要なのか

▼ビジネスマナーは人間関係や信頼関係の基本

人はみな、それぞれに違います。当たり前のこと、と思うかもしれませんが、組織の中の人間関係やルーティンなどに慣れきってしまうと、意外と忘れがちなことです。**ビジネスの主体は「もの」でも「お金」でもなく、「人」**です。

仕事をスムーズに進めるためには、人と人との関係を円滑にすることが大切であり、そのうえで信頼関係を築く必要があります。

そのために必要なのが「ビジネスマナー」なのです。

ビジネスマナーを身につけることで、さまざまなメリットがあります。

①相手から信頼を得ることができる

どんな人間関係においても言えることですが、とくに職場において「信頼」は重要です。また、「信頼できない人と仕事をする」ことは、誰にとってもつらいことです。

②周囲から愛されるようになる

周りの人から愛されるには、挨拶や明るい態度が重要です。周囲から愛されることで、困ったときに「助けてください」と言いやすい環境をつくることもできます。

③人間関係が円滑になる

ビジネスマナーとは、言い換えれば「常識」のことです。常識がない（と思われている）人と、積極的に関わりたいと思う人はいません。

つまり、**職場での人間関係や信頼関係を築くうえでの基本となるのが、ビジネスマナー**なのです。

ビジネスマナーを心得ていると……
①相手から信頼を得ることができる
②周囲から愛されるようになる
③人間関係が円滑になる

マナーの基本となる5つの要素

▼ビジネスマナーの基本の「き」

職場ではさまざまなビジネスマナーが求められますが、そのなかでも基本となるのが、次に挙げる5つです。

①挨拶

朝の「おはようございます」、退勤時の「お疲れさまです」「お先に失礼します」など、当たり前の挨拶が人間関係の基本です。上司、部下、同僚、どんな関係であっても挨拶をしない人に対しては話しかけにくいものです。**挨拶は、いわば、コミュニケーションの基本中の基本**といえるでしょう。

②言葉づかい

言葉は、話す「その人」を表します。慣れない環境では、誰だって丁寧な言葉づかい

5つの「マナーの基本」

言葉づかい
シニアでも職場では新人。
敬意が伝わる言葉づかいを

挨拶
初日の「おはようございます」は
とくに重要

表情
愛されるための
基本の表情は「笑顔」

身だしなみ
相手に不快感を与えない
身だしなみの基本は「清潔感」

態度・姿勢
謙虚さが伝わる態度と
よい姿勢を心がける

を心がけるものですが、少し馴染《なじ》んでくると、とたんにぞんざいな言葉づかいになる人がいます。そして、ぞんざいに話しかけられた人は「これがこの人の本性か」と感じます。**経験豊富なシニアでも、新しい職場では新人**です。相手に敬意が伝わる言葉づかいを心がけましょう。

③表情

人は誰しも、2つの表情を持っています。それは、**生まれつきの「顔立ち」**と、**それまでの人生が表れる「顔つき」**です。

「顔立ち」を変えることはできませんが、「顔つき」は変えることができます。そして、「顔つき」を変えるだけで、相手に与える印象も大きく変わります。

④態度・姿勢

態度が悪かったりぞんざいだったりする人や、相手によって態度を変える人などは、当然、人に好かれることは少ないでしょう。また、姿勢が悪い人は、だらしない印象や不健康なイメージ、暗い印象などを相手に与えます。

ただし、この2つも「顔つき」と同じように、**心がけしだいで変えられる**ものです。

⑤身だしなみ

身だしなみを整えるうえで、とくに重視したいのが清潔感です。毎日の入浴はもちろん、ヒゲや鼻毛、ツメが伸びていないかなど、しっかりとチェックしましょう。また、ボサボサの頭髪もNGです。

スーツや制服着用が義務ではない職場であれば、服装で自分の個性を出すのもよいでしょう。自分に似合った「きちんと感」のある服装を意識することや、業務に集中できる着心地のよさも大切です。

ただし、個性的と言っても「だらしない（不潔）」「奇抜」といった印象を与えるような服装は避けましょう。

職場での3大クレーム
この3つの「クレーム」を意識しつつ、「報連相」(90ページ参照) を欠かさないことも、相手との認識や理解の食い違いを防ぐうえでは大切です
態度が悪い
時間が守れない
ミスが多い

職場での3大クレーム

なお、人材派遣会社である高齢社に届く、派遣先からの3大クレームは、**「態度が悪い」「ミスが多い」「時間が守れない」**というものです。

「態度が悪い」の中には、マナーが悪い、言葉づかいが悪いといったものも含まれます。また「ミスが多い」には、同じ失敗を繰り返す、なかなか仕事を覚えないといったものも含みます。「時間が守れない」は、年齢に関係なく社会人として論外でしょう。

みなさんも「他人《ひと》ごと」とは思わず、自分ごととして〝3大クレーム〟を意識しておきましょう。

第一印象の重要性

人は視覚で55%を認識する

初対面のときには、最初の挨拶や会話、振る舞いなどが「あなたの第一印象」として相手の記憶に刻み込まれます。

アメリカの心理学者、アルバート・メラビアンが提唱した「メラビアンの法則」では、**人の第一印象ははじめて会ったときの3～5秒で決まり、また、その情報の大部分を「視覚情報」から得ている**とされています。

また、言語、聴覚、視覚で矛盾した情報を与えられた場合、**人は視覚で55%、聴覚で38%、言語で7%を認識する**とされています。この法則にのっとった場合、**とくに初対面では、態度や表情、しぐさやジェスチャーといった視覚情報が非常に重要**ということになります。ただし、メラビアンの法則は初対面かそれに近い状態の場合の比率で、それ以外の場合には当てはまりません。

初対面の印象は「見た目」が重要

視覚情報

第一印象の
55%を占める

- 全体の雰囲気
- 顔・表情
- 服装・髪型
- 姿勢・
  立ち居振る舞い

POINT

相手に好印象を与えるうえで重要なのが「笑顔」。自信がない人は、鏡を見ながら口角を上げる練習をすると効果的

聴覚情報

第一印象の
38%を占める

- 声
  （トーン・高さ・大きさなど）
- 言葉づかい
- 口調・口癖
- 話すスピード

POINT

とくに言葉づかいや口調・口癖などは、悪い意味で相手の印象に残ってしまうことが多いので要注意

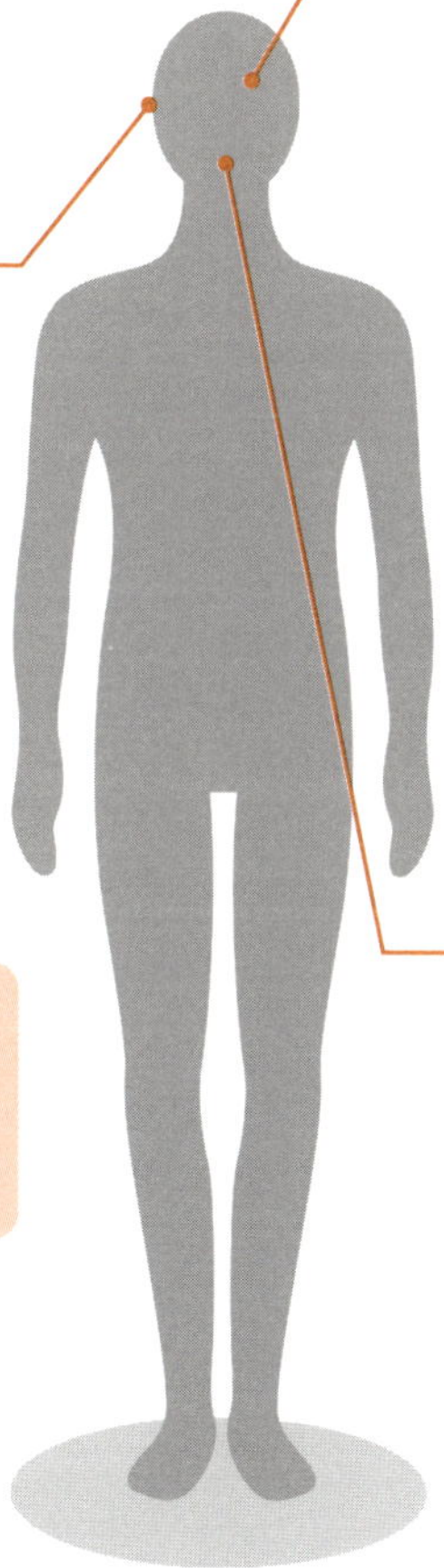

言語情報

第一印象の
7%を占める

- 内容
- 意味

POINT

たとえきれいな言葉づかい（話し方）であったとしても、内容がなければ相手の印象には残らない

メラビアンの法則は「3Vの法則」または「7-38-55ルール」とも呼ばれています

「会話のマナー」を意識する

▼会話を深めるには「聞く力」が重要

会話とは、「お互いが相手の問いに対して答える」こと。つまり、言葉のキャッチボールです。このキャッチボールをうまく行うには、「聞く」「話す」「伝える」という3つの力が求められます。そして、この3つのうち、相手の話をうながすうえでとくに重要なのが「聞く力」です。

聞くことには、「聞く」「聴く」「訊《き》く」という3種類があります。

「聞く」とは、誰もが日常的に行っているような、相手の話を受動的に聞く行為です。これは誰にでもできますが、自分にとって興味がない内容や、理解が難しい内容だった場合、相手が自然と話してくれる以上のことを引き出したり、会話を深めたりすることは難しいでしょう。

一方、**「聴く」とは、傾聴することです。傾聴とは、相手の話を、相手の立場に立って、**

会話を引き出す「岸に足立ちて衣食住」

「何を話せばいいかわからない」と感じたときは、以下を意識しておくと会話のきっかけになります

き	気候
し	趣味
に	ニュース
あ	愛（家族やペットなど）
し	仕事
た	旅
ち	知人
て	テレビ
衣食住	ファッション、グルメ、出身地など

相手の気持ちに共感しながら理解しようとすることです。これができれば、相手はあなたに対して「もっと話を聴いてもらいたい」という気持ちを抱くでしょう。

　そして**「訊く」とは、相手から「聴いた」内容に対して質問や問いかけをして、相手とより深い対話を行うこと**です。相手の話を「訊く」ことができれば、信頼関係も深まっていくでしょう。

　会話の際には、「相手の悪いところではなく、よいところを見つける」ことも重要です。会話の中で相手の「よいところ」を伝える（ほめる）ことで相手を勇気づけられれば、相手はあなたと「もっと話したい」という気持ちになるでしょう。

COLUMN

仕事のモチベーションを高めよう

▼仕事のモチベーションを高める5つの要素

仕事を楽しく、長く続けるためには、モチベーションを高める必要があります。そのためには、次の5つのことを意識しておくとよいでしょう。

▼**社会貢献**……働いて税金を納めている➡社会活動に参加（貢献）しているという意識。

▼**新しい自分に出会う**……年を重ねてもまだまだ成長できるという意識と実感。

▼**人との出会い**……仕事を通して人と知り合い、よい関係性や信頼関係を築くことができるという意識。

▼**感謝の気持ち**……「仕事があることは当たり前のことではない。仕事ができてありがたい」という感謝の気持ち。

▼**収入（お金）**……まだまだ働いて、お金を稼げるという満足感や充実感。

第2章

間違えると恥ずかしい敬語の基本

正しい敬語のおさらい❶ 敬語の基本

▼敬語の基本は「尊敬語」「謙譲語」「丁寧語」

あなたは、「応援していただいたファンの皆様」や「お帰りになられる」といった言葉の間違いに気づけますか？　これらの間違った敬語は、テレビでよく見る人たちも無意識につかってしまっていて、結果それが当たり前になり、そのために誤用と思わない人も多い時代です。あなたも間違った敬語を、違和感を持たずにつかっていませんか。

敬語は、その性質によって分類することができ、大きく分けると「尊敬語」「謙譲語」「丁寧語」「丁重語」「美化語」の5種類があります。ただし、実用的には、これから解説する**「尊敬語」「謙譲語」「丁寧語」の3種類をしっかりと理解しておけば、さほど困ることはありません**。

敬語が苦手な人は、この3種類のうち「尊敬語」と「謙譲語」のつかい分けがうまくできていないことが多いようです。

尊敬語

尊敬語は相手を敬う気持ちを表す敬語で、話をしている相手や、話の中に出てくる敬意の対象となる人物の動作を表す言葉に「お（ご）〜になる」「〜なさる」「〜れる（られる）」などをつけることで、相手を高める表現です。

たとえば、「会う」の場合は「お会いになる」「会われる」となり、「見る」の場合は「ご覧になる」となります。

なお、「お会いになられる」「ご覧になられる」などと敬語を重ねて用いると、誤った敬語（二重敬語…44ページ参照）になるので注意しましょう。

動詞の前後に付け加える言いまわし（例）

▶〜れる（られる）

帰る　→　帰られる
利用する　→　利用される
訪問する　→　訪問される

▶お（ご）〜になる／〜なさる

帰る　→　お帰りになる
利用する　→　ご利用になる
訪問する　→　訪問なさる

▶お（ご）〜くださる（い）／〜てくださる（い）

利用する　→　ご利用ください／利用してくださる
訪問する　→　ご訪問くださる／訪問してくださる

言葉そのものが変わる言いまわし（例）

行く・来る・いる　→　いらっしゃる／おいでになる
行く・来る　→　お越しになる
来る　→　お見えになる／見える
言う　→　おっしゃる／言われる
思う　→　思し召す／お思いになる

知る　→　ご存知／お知りになる
する　→　なさる／される
見る　→　ご覧になる
食べる　→　召し上がる
座る　→　お掛けになる

謙譲語

謙譲語は、自分や自分の身内（同じ会社の人や家族など）のことや、その行動などを「お（ご）〜する」「申し上げる」などとへりくだった表現にする敬語です。

自分の上司や自社の社長であっても、外の人に対しては身内として扱い、「長谷川が伺います」などと敬称や肩書を略したうえで、謙譲語を用います。つまり、相手側を高める尊敬語とは逆に、自分側を下げるのが謙譲語、とイメージしましょう。

なお、自分側（自分や身内）の行為などを丁重に表す「丁重語」も、謙譲語の一種です。

動詞の前後に付け加える言いまわし（例）

▶お（ご）〜する

受ける → お受けする
持つ → お持ちする
相談する → ご相談する

▶お（ご）〜いただく／〜ていただく／〜（さ）せていただく

受ける → お受け（受けて）いただく
利用する → ご利用（利用して）いただく
相談する → 相談させていただく

言葉そのものが変わる言いまわし

受ける・聞く → 承る
聞く・行く・尋ねる → 伺う
言う・話す → 申し上げる
会う → お目にかかる

謙譲語の一種「丁重語」の言いまわし

行く・来る → 参る
言う・話す → 申す
知る・思う → 存じる
する → いたす

丁寧語

丁寧語は、尊敬語や謙譲語と異なり、立場の上下に関係なく丁寧な表現で相手への敬意を表す敬語です。

語尾に「です」「ます」「ございます」などをつけることで、会話や文章を丁寧な印象にします。同僚や知人など、尊敬語や謙譲語をつかうと少し大げさになりそうな相手に対しては、丁寧語をつかうだけで十分に「丁寧な会話」が成り立ちます。

なお、「ご挨拶」「お酒」など、一般的な名詞に「ご」や「お」などの接頭語をつけて丁寧な言いまわしにする「美化語」も丁寧語の一種です。

「です」「ます」「ございます」への言い換え（例）

行く → 行きます
会社員 → 会社員です
おいしい → おいしゅうございます

「です」「ます」の代わりに「ございます」を使って、さらに丁寧にした表現を「特別丁寧体」という

丁寧に言い換える言いまわし（例）

今日 → 本日
きのう → 昨日《さくじつ》
おととい → 一昨日《いっさくじつ》
あした → 明日《みょうにち》
今年 → 本年
去年 → 昨年
今 → ただ今、目下《もっか》
誰 → どなた
こっち → こちら

「お・ご」をつける「美化語」

金 → お金
電話 → お電話
挨拶 → ご挨拶
両親 → ご両親

言い換え型の「美化語」

うまい → おいしい
水 → おひや
便所 → お手洗い

正しい敬語のおさらい❷ 間違えやすい敬語表現

▼「言葉づかいが残念な人」と思われないために

せっかく丁寧な言葉づかいを心がけていても、敬語表現が間違っていると相手に耳障りな印象を与えてしまいます。もちろん、丁寧さが相手に伝わっていれば大きな問題にはなりませんが、**職場で「言葉づかいが残念な人」「あまり教養がない人」といった印象を持たれることは避けたいところ**です。

そこで、次に「間違えやすい敬語表現」を紹介していきます。

「バイト敬語」や「過剰敬語」といった言葉は、みなさんも聞いたことがあると思いますが、それらについて「実は、詳しいことはあまり知らない」という人は多いです。

そのため、これまで知らず知らずにつかっていたからといって「恥ずかしい！」と過剰に気に病む必要はありませんが、今日からはより正しい表現を身につけて、周囲の人に「きれいな言葉をつかう人」「教養のある人」という印象を与えましょう。

「バイト敬語」はＮＧ

飲食店やコンビニなど、主にアルバイトの店員さんなどがつかいがちな間違った敬語のことを「バイト敬語」といいます。バイト敬語は、「耳障りな言葉」として、お客さまから指摘（クレーム）を受ける要因になります。

「バイト敬語」と聞くと、「若者がつかう言葉のことだろうから、自分には関係ない」と思うかもしれませんが、以下のように、シニア世代でもついついつかってしまいがちな表現がけっこうあります。

「バイト敬語」に要注意！

問題

以下の間違った「バイト敬語」を、正しい表現に言い換えましょう。

❶コーヒーでよろしかったでしょうか

❷お名前と電話番号を頂戴できますか

❸こちらが資料になります

❹千円からお預かりします

❺書類のほうをお持ちしました

答え

❶コーヒーでよろしいですか（でしょうか）

現在の注文を聞いているのに「よろしかったでしょうか」と過去形を用いるのは間違い。

❷お名前と電話番号をお願いいたします（お聞かせいただけますか／お伺いできますか）

「頂戴」は何かをもらうときにつかう表現。名前は人に“あげる”ものではないので間違い。

❸こちらが資料です（でございます）

「なる」は状態の変化を表す言葉のため、注文品などを差し出すときにつかうのは間違い。

❹千円をお預かりします

「から」は「人」から「もの」を預かる際につかう言葉であり、千円「から」預かるのはおかしい。

❺書類をお持ちしました

「ほう」には選択肢を表す用法があるため、あるものを限定している場合はつける必要がない。

過剰敬語と重複表現を避ける

1つの単語に対して、同じ種類の敬語を複数つかう誤った敬語を「過剰敬語（二重敬語）」といいます。

たとえば、「資料をご覧になられますか」という表現の場合、「見る」を尊敬語の「ご覧になる」に言い換えているため、さらに「なる」を尊敬語の「なられる」に言い換える必要はありません。つまり、「資料をご覧になりますか」が正しい表現です。

謙譲語の場合も同様で、たとえば「資料をご拝見します」といった場合、「拝見」が「見る」の謙譲語なので、さらに謙譲の「ご」をつける必要はありません。

また、敬語ではありませんが、「まず最初に」「約10分ほど」などと、**同じ意味の言葉を繰り返す誤った表現を「重複表現《ちょうふくひょうげん》（重ね言葉、重言《じゅうげん》）」といいます。**

この場合は「まず」または「最初に」、「約10分」または「10分ほど」という表現が正解。**言葉の意味を深く考えずにつかっていると、知らず知らずのうちにこうした誤った表現をしている場合があるので注意が必要です。**

「過剰敬語」と「重複表現」に要注意！

以下の間違った「過剰敬語」と「重複表現」を、正しい表現に言い換えましょう。

重複表現

❶従来から
❷違和感を感じる
❸内定が決まる
❹返事を返す
❺日本に来日する
❻あとで後悔する
❼第1回目
❽日を追うごとに
❾製造メーカー
❿約10分ほど

過剰敬語

❶お帰りになられる
❷佐々木部長様がお見えになられました
❸ご意見をご拝聴いたします
❹私がやらさせていただきます
❺お召し上がりになられますか

「重複表現」の答え

❶従来／以前から

❷違和を感じる／違和感がある（を覚える）

❸内定する

❹返事をする

❺来日する／日本に来る

❻後悔する／あとで悔やむ（悔いる）

❼第1回／1回目

❽日を追って／日ごとに

❾製造会社／メーカー

❿約（およそ）10分／10分ほど

「過剰敬語」の答え

❶お帰りになる（帰られる）

問題文は尊敬語を二重使用（「お」「られる」）。

❷佐々木部長がお見えになりました

問題文は尊敬語を二重使用（「お」「られる」）。また、役職名は敬称扱いとなるため「様」は不要。

❸ご意見を拝聴します

問題文は謙譲語の三重使用（「ご」「拝聴」「いたす」）。ただし、「拝聴いたします」は慣例として許容されている。

❹私がやらせていただきます

問題文には不要な「さ」が入っている。

❺召し上がりますか

問題文は尊敬語の三重使用（「お」「召し上がる」「られる」）。ただし、「お召し上がりになる」は慣例として許容されている。

正しい敬称のつけ方

敬称を重ねて用いる誤った表現を「二重敬称」といいます。

とくに多い間違いが、社名のあとの「御中」と並べて氏名のあとに「様」や「殿」をつけたり（「御中」は不要）、役職名のあとに「様」を重ねたり（役職名は敬称も兼ねるため「様」は不要）する間違いです。

なお、本来は「様」や「さん」などの敬称は人物につけるもので、会社や組織、団体、グループなどの名称のあとにつけるのは誤りですが、とくに口頭で表現する場合には、丁寧な印象にするため「〇〇社様（さん）」と表現することは許容されています。

間違えがちな「二重敬称」の例

Point ①

宛名として取引先やお客さまの社名を表記する際、「株式会社」を「(株)」と省略するのは失礼とされています

✕ (株)宝沼社御中　亀田様	→	○ 株式会社宝沼社　亀田様
✕ 株式会社シニア開発 田村部長様	→	○ 株式会社シニア開発 田村部長
✕ 経営戦略室各位様	→	○ 経営戦略室各位

Point ②

各位は、地位や役職などに関係なく、大勢の人を対象に呼びかけるときに使用する敬称。ただし、顧客（お客さま様）に対してメールや文書などを一斉送信する場合は、「お客様」という言葉自体が慣用的表現となっているため、「お客様各位」という表現も許容されています

「させていただく」と「さ入れ言葉」「ら抜き言葉」に注意

「～させていただきます」という言いまわし自体は間違いではありませんが、最近はつかう必要のないケースで、この表現を用いる人が増えています。

「させていただく」は、「させてもらう」の謙譲語であり、「相手の許可を受けたうえで行う」あるいは「そのことで自分自身が恩恵を受ける」場合につかう表現です。たとえば、「私が担当させていただきます」という表現の場合、状況として「相手に許可を求めなければ失礼」という場合でない限り、「私が担当いたします」としたほうがよいでしょう。

また、「明日は休まさせていただきます」などと、**本来「せる」というべき言葉（五段活用の動詞）に、余計な「さ」を入れた「さ入れ言葉」にも注意が必要**です。先に挙げた例であれば、「休ませていただきます」が正しい表現です。

加えて、**可能の意味でつかう「来られる」「食べられる」「見られる」などの言葉から「ら」を抜いて、「来れる」「食べれる」「見れる」と表現する「ら抜き言葉」も要注意**。話し言葉として用いる分には問題ないとする意見もありますが、間違った日本語であることには変わりないので、ビジネスシーンでつかうのは避けたほうがよいでしょう。

職場で避けるべき言いまわしとNGワード

▼言葉づかいは「上から目線」に要注意

丁寧な印象を与える表現の中にも、実は目上の人などにつかうと失礼とされる言いまわしがあります。

たとえば、「ご苦労さま」や「了解です」といった表現は、本来は目上の人が下の立場の人に対してつかう表現であり、逆のパターンでつかうべきではないとされています。

また、**「さすがですね」「感心しました」といった「上から目線」ととらえられかねない表現を目上の人につかうことも避ける**べきです。

目上の人に対してだけでなく、同じ職場の人や顧客などに対する言葉づかいについても、**相手に高飛車・高圧的な印象を与える表現や曖昧なぼかし言葉、３Ｄ言葉**（51ページ参照）などネガティブな印象を与える言いまわしは、なるべくつかわないように心がけましょう。

目上の人につかえない言葉

以下のような表現は、基本的に「目上の人が下の立場の人」につかう表現であり、逆のパターンで（下の立場の人が目上の人へ）つかうのは失礼とされています。

また、「すみません」「どうも」といった稚拙《ちせつ》な印象を与える言葉づかいも、より丁寧かつ敬意のこもった印象を与える表現に言い換えたほうがよいでしょう。

とくにビジネスシーンでは、尊重や信頼の気持ちを適切に伝えられる言葉づかいが求められます。

目上の人にはつかえない表現

問題

❶～❺の「不適切な表現」を、適切な表現に言い換えましょう。

❶了解です／わかりました

❷ご苦労さまです

❸すみません／ごめんなさい

❹感心しました／さすがですね

❺例の件、伺ってますか

答え（適切な言い換えの例）

❶承知いたしました／承りました／かしこまりました

「了解です」「わかりました」という表現は尊敬語でも謙譲語でもないためNG。

❷お疲れさまです

「ご苦労さまです」は、目上の人が下の立場の人につかう言葉とされています。

❸申し訳ありません（ございません）

「すみません」「ごめんなさい」といった表現は職場でつかうには軽すぎるため不適切。

❹感銘を受けました／頭が下がります

「感心しました」「さすがです」は上から目線で相手を評価する印象を与えるためNG。

❺例の件、ご存じでしょうか

「伺う」は自分がへりくだる謙譲語のため、相手に対してつかうのは不適切。

職場でつかうのは不適切な表現

次に挙げるような言葉づかいは、相手に不安や不快な印象を与えたり、相手の反発心を招いたりしてしまうことがあるので、なるべく避けるようにしましょう。

▼曖昧なぼかし言葉

「たぶん」「だいたい」「とりあえず」「一応」「意外に」といった曖昧な表現は、具体性がないため相手を不安にさせてしまいます。そのため、とくに説明や説得をする際には、極力つかわないように意識したほうがよいでしょう。

たとえば、任された仕事の進捗状況を聞かれた場合には、「たぶん大丈夫です」ではなく、「○○物産の統計資料は、明日17時までに提出予定です」などと**具体的な数字や固有名詞を入れて伝えると説得力が増し、相手も安心できます**。

▼高飛車・高圧的な口調

「先ほども説明いたしましたが～」「何度も申しますが～」「いいえ、ですから～」といった、高飛車・高圧的な口調も避けるべきです。こうした言い方をすると、相手は責められているように感じてしまいます。

自分は理解していることだとしても、相手にとってははじめてのことは、すぐに理解できないことも多いものです。説明を聞き直されたくらいで「先ほども〜」などと相手に非があるような言い方をすると、相手に悪い印象を植えつけてしまいます。

▼3D言葉

「でも」「だって」「どうせ」という「D」ではじまる否定的な言葉のことを「3D言葉」といいます（「ダメ」または「だから（ですから）」を加えて「4D言葉」という場合も）。

たとえば、あなたも誰かと話していて「なるほど。でもさ〜」と返されたら、自分の意見を否定されたように感じるはずです。また、「だって」と言われたら言い訳をされているように感じ、「どうせ」と言われたら諦めや自己否定に聞こえるでしょう。

「3D言葉」は、「確かに」「そうなんだ」「なるほど」といった相手を受け止める言葉に言い換えるようにしましょう。

好印象を与える丁寧な言葉づかい

クッション言葉

「クッション言葉」とは、そのまま伝えるときつい印象になったり、不快感を与えたりしてしまうおそれのある内容を、やわらかく伝えるために「前置き」として添える言葉のことです。

相手に何かを依頼したり、お詫びやお断りなど切り出しにくい話をしたりする際に用いると効果的です。また、クッション言葉をつかうと、相手への遠慮や気づかいなどが伝わるだけでなく、言いにくいことも言いやすくなります。

クッション言葉は対面での会話だけでなく、メールや手紙など文章でのやりとりにおいても幅広く活用できます。

たくさんあるクッション言葉の中でも、**「お忙しいところ（大変／誠に）申し訳ございませんが～」は、あらゆるシチュエーションでつかえる万能のフレーズ**です。

クッション言葉でソフトな印象に

依頼するとき

ご多用中かと存じますが～

お手数（お手間）をおかけしますが～

差し支えなければ～

恐縮でございますが～

ご都合のよい（お手すきの）ときでけっこうですので～

ご迷惑（ご苦労／ご足労）をおかけしますが～

ご面倒（ご迷惑）でなければ～

ご無理を承知で申し上げますが～

身勝手なお願いではございますが～

つかぬことをお聞きしますが～

お詫び・お断りするとき

ありがたいご提案ではございますが～

せっかく（あいにく）ではございますが～

残念ではございますが～

お気持ち（お気づかい／お申し出）はありがたいのですが～

大変（誠に）申し上げにくいのですが～

ご期待（ご意向）に添えず心苦しいのですが～

こちらとしても残念でございますが～

お役に立てず申し訳ございませんが～

身に余るお言葉ですが～

面目次第もございませんが～

反論するとき

大変不躾《ぶしつけ》ながら～

僭越《せんえつ》ではございますが～

失礼とは存じますが～

私の思い違いかもしれませんが～

出すぎたことかもしれませんが～

差し出がましいようですが～

私の勘違いでしたら申し訳ないのですが～

おっしゃることはごもっともかと存じますが～

「反論する」「断る」ときの言いまわし

反論をする際には、細心の注意を払う必要があります。真っ向からの反論や全否定は、相手の気分を害するだけでなく、反発を招いてしまう可能性もあるからです。

ときにはしっかりと反論すべきケースもあるかもしれませんが、仕事では協調性が求められる場面が多いです。そのため、**相手を全否定するのではなく、「別の観点から見ると～」「そこが難しいところでして～」などと、相手の意見をいったん受け入れつつ、自然に問題点へと会話を誘導したほうが無難**でしょう。

相手からのお誘いや依頼、提案などを断るときも同様です。

まずは前のページで解説した**「クッション言葉」を用いて表現をやわらかくしたうえで、なるべく丁重な表現を用いて「申し訳ない」という気持ちや誠意を伝えましょう。**

もし、断ることが心苦しいと感じた場合は、断ったあとに「別の日なら～」「ここまでなら～」といった形で代案やできる範囲などを提案すると、「本当は断りたくない」という気持ちが伝わり、相手も納得しやすくなります。

「反論する」「断る」ときの言い換え（例）

それは間違っています

↓

そういった考え方もありますが～

「それは違います」などと、反対意見をそのまま投げかけるのは避けましょう。「そういう考え方もありますが」といったん相手の意見を受け入れたうえで自分の意見を述べると、相手は「意見を聞いてみよう」という気持ちになります。

反対です

↓

○○という意見もあるようです

真っ向から相手の意見を否定すると、相手の気分を害してしまう可能性があります。そうしたときには「○○という意見もあるようです」とソフトに言い換えると、相手の気持ちを逆なですることなく、反対意見を言いやすくなります。

できればやりたいのですが

↓

都合が悪いためできません

「できればやりたいのですが」といった、どちらともとれるような曖昧な断り方は避けるべきです。断る理由をぼかして伝えたい場合には、「その日は都合が悪いので」などと、断っていることが明確に伝わる表現を用いましょう。

その日は無理です

↓

あいにく都合がつきません

せっかく相手が誘ってくれたのに、「その日は無理」とストレートに断ってしまっては、相手も気分がよくないでしょう。「あいにく都合がつきません」と伝えれば、相手の期待に添えないことを軽く謝罪するようなニュアンスが伝わります。

電話応対の基本をおさらいしよう

▼電話応対は「新人」に課される重要任務

電話応対の会話スキルは、ビジネスシーンでは避けることのできない基本中の基本です。第二の仕事人生をはじめるにあたっては、一緒に働く人たちより年上で経験豊富だったとしても、新たな職場では「新人」という謙虚な気持ちや姿勢が大切です。

そして**電話応対は、新人が一緒に働く人たちをサポートするうえで重要な任務**です。入社したばかりの新人にとって、積極的に電話応対を行うことは、取引先や仕事内容を覚えるうえでも役立ちます。

電話では相手の顔が見えません。そのため、なるべくハキハキと対応し、印象をよくする発声を心がけましょう。

また、電話でのやりとりは文字に残らないため、それをカバーするためにも、メモは必ず用意しておきましょう。

基本的な電話応対の流れ

❶電話に出る

はい、お電話ありがとうございます。株式会社○○、○○でございます

※すぐに電話に出ると相手を驚かせてしまうことがあるので、1コールは待つ。相手を4〜5コール以上待たせた場合は、最初に「お待たせしました」と言う。

❷相手が名乗る

※相手が名乗らない場合は「恐れ入りますが、どちらさまでしょうか」と確認する。その際、相手の社名と名前の両方を確認する。

❸相手を確認したら

いつもお世話になっております

※相手を確認したら必ずこの挨拶をする。相手を知らない場合も社交辞令として言う。

❹相手の要望を聞く

①名指し人がいる場合

○○課長、○○社の○○様からお電話です

※電話を保留にし、名指し人に相手の社名と名前を伝える。

②名指し人が不在の場合

申し訳ございません。○○はただいま外出しております

※名指し人が不在の場合は、その理由（外出、会議中、電話中、休憩中など）を相手に伝える。

③折り返し電話をさせる場合

かしこまりました。恐れ入りますが、念のためお電話番号をお伺いしてもよろしいでしょうか

※名指し人が電話番号を知っているという確信がない場合は、必ず相手の電話番号を確認する。

④伝言を受けた場合

かしこまりました。伝言を承ります

※伝言を受けた場合は、確認のため内容を復唱すると、確かな情報伝達が行えるとともに相手に安心感を与える。

❺通話終了時の挨拶

①電話を切るときの挨拶

こちらこそ、よろしくお願いいたします。失礼いたします

②伝言を受けた場合

はい、私○○がこの件、確かに承りました。失礼いたします

❻受話器を置く

※受話器ではなく指でフックスイッチを押してそっと切る。または、相手が電話を切ったのを確認してから静かに受話器を置く。

伝言を受けるときのマナー

▼伝言の内容は復唱して間違いがないようにする

電話応対の際には、常にメモと筆記用具を用意しておくことは基本ですが、メモにばかり気を取られず、伝言を受ける際の言葉づかいや流れをしっかりと覚えておくようにしましょう。

必ず聞いておくべきなのは、相手の名前、会社名、電話番号です。万が一、伝言の内容を把握できなかったとしても、これだけわかっていれば再確認することができます。ただし、再確認の必要がないように伝言の内容は復唱して間違いがないようにすることが肝心です。

電話応対の際に注意したいのが数字の読み方です。「1（イチ）」「4（シ）」「7（シチ）」などは響きが似ており間違えやすいので、「ヨン」「ナナ」と読み上げるように習慣づけるとよいでしょう。

電話での伝言の受け方

①伝言を受ける際の確認事項

伝言を受けた日時、相手の名前、社名、連絡先（電話番号）、用件のほか、相手は折り返し電話が欲しいのか、相手からまた電話をしてくれるのかを確認する。

②伝言の内容は復唱する

伝言の内容については必ず復唱して、相手に間違いがないかを確認するのが基本マナー。電話番号や日時などの数字は間違えやすいので注意が必要。

③伝言メモの記入

伝言メモ用のフォーマットに記入する。会社にフォーマットがない場合は、自分で使いやすいものをつくるとよい。急ぎの用件か否かも明記する。

④伝言メモの置き方

伝言メモには自分の名前を明記する。メモを指名された相手のデスクに置く際は、テープなどで貼りつけておくと紛失などのトラブルが避けられる。

電話を受ける際の対応例（名指し人が不在の場合）

（相手）〇〇課長はいらっしゃいますでしょうか

（自分）申し訳ございません。あいにく〇〇は外出しておりますが、いかがいたしましょうか

（相手）それでは、伝言をお願いできますか

（自分）かしこまりました。伝言を承ります

（相手）明日、〇〇課長と弊社にて10時にお約束していたのですが、14時に変更していただけないか、お伝えいただけますでしょうか

（自分）それでは、確認のため復唱させていただきます

（相手）はい、お願いいたします

（自分）明日、弊社〇〇との御社でのお約束時間を、10時から14時に変更をご希望とのことですね

（相手）はい

（自分）かしこまりました。私〇〇が承りました。〇〇が戻りましたら申し伝えます

携帯電話のマナー

▼扱い方次第では不都合や事故を招くことも……

今や携帯電話（スマホ）は、老若男女を問わず誰もが所持する時代になりました。多くの業種において、携帯電話はもはや不可欠のツールとなっていますが、マナー違反はビジネス上の不都合を生じさせる可能性もあるため注意が必要です。

職場だけではありません。外出時においても、誰があなたのことを見ているかわかりません。着信音や通話の声で周囲の迷惑にならないよう気づかうことはもとより、**飲食店や交通機関など不適切な場所での通話、歩きスマホといった一般常識を問われるようなマナー違反は周囲の人を不快にさせるだけでなく、トラブルや事故の原因にもなりうる**ので控えましょう。

携帯電話は一日中持ち歩くものだけに、その扱い方次第で「人格や品性まで見られているかも……」くらいに考えておいたほうがよいでしょう。

職場における携帯電話の基本マナー

他人の携帯番号は勝手に教えない

他人の携帯番号を勝手に教えてしまうのは厳禁。聞かれた場合は、相手の連絡先を聞き、担当者に連絡を取って、本人から折り返し連絡を入れてもらうようにしましょう。

重要な打ち合わせ中は電源を切る

たとえ音を消していても、集中すべき場で携帯が振動したりすると気が散ってしまいます。重要な会議や商談の最中は、なるべく携帯電話の電源を切っておきましょう。

暇つぶしの携帯使用は悪印象

業務時間中に私用で携帯電話をいじるのは論外。休憩時間中の使用は問題ありませんが、いつも携帯ばかり見ていると「つまらない人」と思われる可能性があります。

私用携帯の充電はしない

私用の携帯電話を業務でも頻繁に使う、という場合は、職場での携帯の充電も許容範囲内ですが、そうでない場合は、会社で私用携帯の充電をするのは控えましょう。

呼び出し音にも気を配る

プライベートならどんな呼び出し音を設定しようと問題ありませんが、職場では、周りの人の気が散らないよう、一般的な呼び出し音に設定しておいたほうが無難です。

重要な用件は話さない

他人に聞かれて困るような重要な用件や、他人や自分の個人情報が出てくるような話は、緊急を要することでない限り、なるべく携帯電話で話すのは控えましょう。

COLUMN

若い同僚をお酒に誘うのは迷惑？

お酒の席での説教、愚痴、悪口、自慢話は厳禁

今の若い人たちは、男女を問わずお酒を介したつきあいを好まない傾向にあります。とはいえ、昔ながらの〝飲みニケーション〟が好きという若い人もいるので、絶対に誘ってはいけない、というわけではありません。

たいして親しくないのにいきなり誘ったら嫌がられるかもしれませんが、職場での信頼関係が築けていれば、「たまにはいいかな」と検討してくれるかもしれません。

また、**飲みに誘う場合は「今日、行ける？」といった急な誘い方はせず、2週間前には予定を聞いておくなど、相手の都合を慮りましょう**。

注意すべきなのは、お酒のつきあいを「仕事の一環」ととらえられないようにすること。仕事上のつきあいの延長としてのお酒の席は、若い人でなくても嫌いな人は多いです。とくに**お酒の席での仕事にまつわる説教や愚痴、悪口、自慢話などは控えましょう**。

第3章

メール・ビジネスチャットの基本

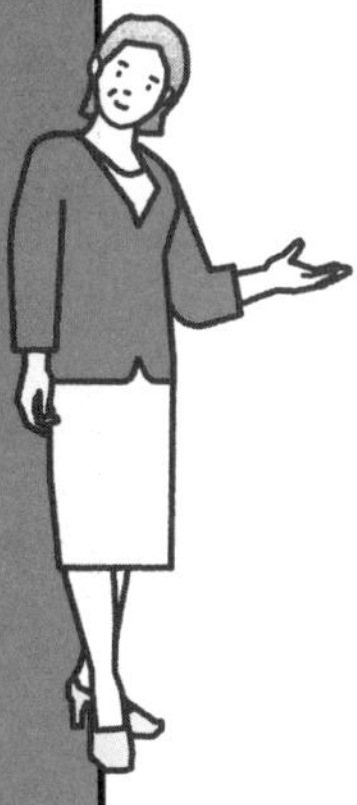

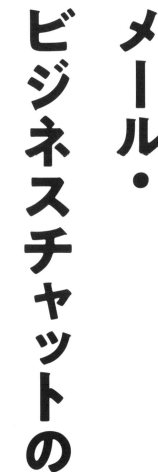

ビジネスメールの基本

▼まずは「自分がどんなメールを受け取ったら嫌か」を考える

「正しい言葉づかい」「相手に対して失礼のない言いまわしと内容」「曖昧な表現は避けて具体的に伝える」など、メール文を書く際に気をつけるべきことは多いです。

しかし、そうした細かいことを気にする以前に、第一に意識し、考えるべきことがあります。

それは、**自分が送ったメールを読む「相手」の立場に立って書く**、ということです。

たとえば、自分が「どんなメールを受け取ったら嫌か」を考えてみましょう。

「やたらと長いメール」「命令や否定、一方的な断定といった失礼なニュアンスを感じるメール」「内容が読み取りづらいメール」などなど、自分が過去に受け取った「嫌なメール」を思い出す人も多いのではないでしょうか。

そうです。まずは**「自分がどんなメールを受け取ったら嫌か」を考え、その「嫌なこ**

と」を避けることが、メールを書くうえでもっとも基本的なマナーであり、「相手の立場に立って書く」ということなのです。

いちばん大切なのは、相手にとっての読みやすさ

そのうえで、「どう書けば相手にとってわかりやすい（伝わる）か」「どうすればストレスなく気持ちよく読んでもらえるか」「どうすれば内容を読み取りやすいか」といったことを意識しつつメール文を書くことで、周囲から得られる信頼や好意も増えていき、メールのやりとりもスムーズにできるようになっていきます。

PCが普及し、リモートワークも増えた現在のビジネスシーンでは、メールでのやりとりから逃れることはできません。職場での評価や取引先の反応が、メールの文面の善し悪《あ》しで変わってしまうことすらあります。

とはいえ、それほど心配する必要はありません。

これから解説する基本的なことさえ意識し、実践すれば、誰にでも「信頼を得られるメール」を書くことができます。

メールを送るときの心がけ

なるべく短く簡潔に

たまに「自分の考えていることや知っていることを、すべて伝えたい」と考えて、長いメール文を書く人がいます。

しかし、そういうメールを書く人は**「これだけしっかり書いたのだから、相手にすべて伝わるはず」という「自分本位」の考え方**に陥っています。

相手の立場に立って書くのであれば、**メール文はなるべく短く簡潔にし、読み手のストレスや負担を減らすべき**です。

そのため、もし、メール文を書いているうちに文章が長くなってしまったら、削れるところがないか見直しましょう。

「自分が言いたいこと」だけに意識を向けるのではなく、「相手にとって読みやすい（わかりやすい）か」「相手が何を知りたいと思っているか」を意識しながら書くのです。

メール文作成時の心得

また、1通のメールの中に複数の用件が書かれていると読み飛ばされてしまう可能性があるうえ、あとで確認しようとしたときに検索しにくくなるので、なるべく「1メール1用件」を意識しましょう

まずは結論から書く

「結論」を先に書くことで、読み手は「要点は何か」がすぐにわかり、内容も理解しやすくなる。結論に至った経緯や理由の説明が必要な場合は、結論のあとに書く。

なるべく短くシンプルに

自分が言いたいことを詰め込んだ長いメール文は読み手にとって負担になる。メール文を書くときは相手の立場に立って「短く」「シンプルに」を常に意識する。

まずは結論から書く

また、メール文の最初に長い前置きや理由の説明などが続くと、読み手は「要するに何が言いたいの💢」とイライラしてしまいます。

メールの読み手が最初に知りたいのは「結論」や「結果」であり、その「理由」ではありません。

そのため、**メール文を作成する際には「結論から書く」ことを意識しましょう**。

最初に結論が書かれていれば、相手は「何の話なのか」「どういう結論なのか」が最初にわかるため、そのあとに続く理由の説明なども理解しやすくなります。

メール返信のマナー

▼メールの返信は遅くとも24時間以内にする

メールの返信は、基本的には「早ければ早いほどよい」と考えたほうがよいでしょう。ただし、確認が必要だったり、考える時間が必要だったりする内容の場合には、すぐに返信できないこともあります。そうした場合も、**原則として、遅くとも24時間以内に返信する**ように心がけましょう。

また、担当者が不在、社内での協議が必要など、24時間以内に明確な返信をすることが難しい事情がある場合には、なるべく早めに、その理由と明確な返信（回答）ができる期日を相手に伝えましょう。

常に早い返信を心がけることで「テキパキと仕事をこなす人（＝仕事ができる人）」という印象になり、周りからの信頼度や好感度も高まります。

メール返信時に注意したい2つのマナー

メール返信には、そのほかにも意識しておきたいマナーがあります。

1つ目は、**原則として「件名を変えない」**ことです。

なぜなら、メールの検索や整理をする際、1通ごとに件名が変わると「どの案件に関するメールか」がわかりにくくなるからです。

また、件名が変わると相手が「返信」だということに気づきにくくなったり、相手がスレッド表示（件名などを基準に関連するメールをまとめて表示する機能）を用いている場合に目当てのメールが見つけにくくなったりする、といったデメリットもあります。

2つ目は、**なるべく「相手の営業時間内に返信する」**ことです。

近年は、スマホの普及により帰宅後に自宅でメールチェックをする人が増えました。そうした「骨休めの時間」に、緊急の用件であればまだしも、明日の確認でも問題ない内容のメールが送られてきたら、相手は気持ちが休まりません。

どうしても遅い時間にメールを送らなくてはいけない場合は、「夜分遅くに失礼します」と断りを入れ、遅い時間に送ることになった理由も短く添えるとよいでしょう。

メール送信時の基本ルール

件名のつけ方

メールの件名は「わかりやすく簡潔に」が基本。たとえば、下段のように具体的に書かれた件名だと、相手も内容を把握しやすいため確認のストレスが減ります。

また、**件名の頭に【訂正】【請求書送付】といった「ヘッド」を入れると、受信者が気づきやすくなります**。ただし、【至急！】【要返信】といった圧力をかけるような「ヘッド」は、相手がストレスを感じる場合もあるので控えたほうがよいでしょう。

わかりやすい「件名」の例

件名：「シニア就職講座」申込み結果のご連絡

「ご連絡」「確認のお願い」など“どんな用件なのか”が件名に入っていると、受信者は内容をイメージしやすくなる。

件名：1月10日開催の新商品「映ルンどす」プレゼン資料（2点）

用件に関連した日時や数量などの数字が入っていると、受信者は日程や内容をイメージしやすくなる。

ただし、具体的に書こうとするあまり件名が長くなりすぎないように注意しましょう

署名のつけ方

メール文の末尾につける**署名は「自分がメールを書いた」という証明であり、自分の所属先や連絡先などの情報を相手に伝える役割も担っています**。とくに、相手にはじめてメールを送る際には、署名がないと受信者に不審がられてしまいます。

また、メールでのやりとりが多い相手であっても、「電話をしたい」「郵送したい」といったケースでは、メールに付された署名を頼りにする人も多いので、なるべく省略しないようにしましょう。

以下は、標準的な「署名に入れる項目」です。

署名に入れる項目

株式会社 妙齢社	会社・団体名
経営企画部 新規事業推進室	所属先
鶴田弦男	氏名
〒115-1111 東京都北区九条台1-1-1 九条ビル105	住所
TEL 03-0000-0000	電話番号
FAX 03-0000-0001	FAX番号
E-mail：t-tsuruta@myoreisha.co.jp	メールアドレス
https://www.myoreisha.co.jp	会社・団体のURL

自宅などオフィス外での勤務が多い人は、なるべく「携帯番号」も入れましょう

To、Cc、Bccの使い分け

メールアドレスの「宛先」の入力欄には、「To」「Cc」「Bcc」の3種類があり、それぞれに役割が異なります。

次に説明するルールは、厳密に定められたものではありませんが、3種類ある宛先の入力欄それぞれの「使い分け方の目安」として、意識しておきましょう。

▼To（宛先）……本来のメール受信者のアドレスを入力する欄です。

▼Cc……「Carbon Copy（メールの複写）」という意味で、「メイン（To）の受信者宛のメールを複写して送る」場合に使います。たとえば、本来は「取引先の鈴木さんに伝えたい情報」を、確認や情報共有のため「上司の佐藤さんにも念のため伝えておく」といった場合に用います。なお、Ccに入れたアドレスは送信先全員に公開されるため、事前にお互いのアドレスを共有していない複数人に向けて**「Cc」で送信するのはマナー違反**です。

▼Bcc……「Blind Carbon Copy（見えない複写）」という意味で、B

宛先の入力欄のつかい分け方

宛先	送信先	受信先でのアドレス表示	受信者からの返信
To	メインの受信者	公開	原則として必要
Cc	情報共有したい受信者	公開	原則として必要
Bcc	To、Ccの受信者には情報共有していることを伏せたい受信者	非公開	不要

Bccで一斉送信する場合は「一斉送信のためBccで失礼します」などとひと言添えるとよいでしょう

ｃｃに入力したメールアドレスは、Ｔｏや Ｃｃの受信者には表示されません。そのため、Ｂｃｃは「Ｔｏ」や「Ｃｃ」の受信者に、ほかにも受信者がいることを伏せたいときや、ほかの受信者のアドレスを知らせたくないときにつかいます。たとえば、**社外も含めた不特定多数の人たちにメールを送信する際などにつかわれるケースが多い**です。

なお、「Ｔｏ」「Ｃｃ」「Ｂｃｃ」のいずれの入力欄も、アドレスのあとに半角セミコロン（；）または半角カンマ（，）を入れ、そのあとに別のアドレスを入力すれば、複数の宛先に一斉送信することができます。

ビジネスチャットの基本❶

メールとチャットのつかい分け

▼メールは「手紙」、チャットは「会話」

ビジネスシーンにおける通信手段は今も電子メールや電話が主流ですが、コロナ禍によってリモートワークが普及して以降は、「Slack（スラック）」「Chatwork（チャットワーク）」「LINE WORKS（ラインワークス）」といったビジネスチャットツールを導入する職場が増えました。

また、ビジネスチャットに限らず、個人用として登録したLINE（ライン）を、そのまま仕事でも使用しているという人も多いでしょう。

電子メールとチャットは、どちらも「テキストを用いて双方向で送受信を行うためのツール」であることには変わりありませんが、その特性が異なるため、用途やシーンによって使い分ける場合が多いです。

たとえば、電子メールはその名称どおり「通信速度の速い簡易的な手紙」という側面

「メール」の使用が望ましいシチュエーション	「チャット」の使用が望ましいシチュエーション
はじめての相手とのやりとり	即時性が求められる社内でのやりとり
機密性の高い情報のやりとり	社内またはグループに向けた一斉送信
記録や証拠として履歴を残したいやりとり	グループ内での確認や情報共有、意見交換など

がありますが、ビジネスチャットは単なるメールの代替ツールというよりも、名称の由来である「チャット＝おしゃべり（会話）」に近い、電話や対面といった「リアルタイムのコミュニケーション」を代替する役割を担う場合が多いです。

つまり、**電子メールが公的な「手紙」に近いイメージ**であるのに対し、**チャットは日常的な「会話」に近いイメージ**といえるでしょう。

そのため、ビジネスチャットが普及した現在も、即時性が求められる社内でのやりとりなどはチャットで行い、取引先との公的なやりとりや重要な確認などは電子メールで行う、という企業が多いです。

ビジネスチャットの基本❷

チャットを使用する際のマナー

▼チャットの「基本マナー」は押さえておこう

ビジネスチャットは、基本的には社内でのコミュニケーションに用いられることが多いツールですが、**近年は、プロジェクトを共有する社外の人（取引先など）との情報のやりとりや共有の際などに用いられるケースも増えています。**

チャットには、メールよりも手軽に、複数の人と円滑にコミュニケーションがとれるというメリットがあります。その一方で、比較的新しいツールということもあり、慣れない人にとっては使い方のルールやマナーがわかりづらいという側面（デメリット）もあります。また、使い慣れていない人の中には「ツールが増えるとメッセージの確認ややりとりが複雑になって困る」と感じる人も多いでしょう。

とはいえ、職場によっては使用を避けられない場合もあるので、チャットを使用する際の「基本マナー」は押さえておいたほうがよいでしょう。

こんな「チャット」は嫌がられる

販促イベントの件、その後の進捗をお知らせください。

既読
10:02

お疲れ様です。宣伝部の高橋です。

ご報告およびご相談です。

お問い合わせいただいた「ふわふわ石けん」販促イベントの件ですが、先日、会場の第一候補だった下野動物園から使用料の見積りが届き、予算に見合わず見送りとなりました。

そこで、次点候補だった千葉ランドツリーの菜の花広場に変更しようと思ったのですが、先方担当者が来週半ばまで出張中とのことでなかなか連絡が取れません。

別の候補となる場所を検討するべきでしょうか。

また、忘年会への参加・不参加のご連絡もお待ちしております。明日のお昼頃までにご連絡ください。

ご多忙のところ用件が多く誠に恐縮に存じますが、何卒よろしくお願い申し上げます。

【追伸】

先日いただいた旅行土産の百万石饅頭、超おいしかったっす～!

私も来月、新潟に行く予定なのでお土産に期待してね～♡

19:47

冗長な定型文が多い

メッセージが長い

複数の要件を同時に伝える

言葉づかいがカジュアルすぎる

返信や反応が遅い

チャットの基本マナー

❶定型文は省略する

メール文を作成する際、社内の相手には「お疲れさまです」、社外の相手には「お世話になっております」といった定型文から書き出す人が多いでしょう。しかし、ビジネスチャットでは、こうした定型文や文末の署名などは省略するのが基本です。

NG

お世話になっております。
先日は、お足元が悪い中お越しいただき
誠にありがとうございました。
ところで、ご提案いただいた件ですが……

OK

ご連絡ありがとうございます。
ご提案いただいた2案のうち、
B案にて進めることになりました。

❷短く簡潔な文章にする

メール文の作成の際も「短く簡潔な文章」は基本（66ページ参照）ですが、チャットではメール以上に「短く簡潔」であることを意識する必要があります。伝えるべき内容が多い場合は、短い文章に分け、複数回に分けて送るとよいでしょう。

NG

先日ご提案いただいたPOPのデザイン案ですが、B案にて進めたく存じます。
また、Web広告に使用するキャライラスト案もできれば3〜4点ほど、アイデアをいただきたく存じます。

OK

POPのデザイン案ですが、B案にて進めることになりました。

Web広告に使用するキャライラスト案をできれば3〜4点ほど、アイデアをいただけますでしょうか。

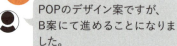

❸言葉づかいを崩しすぎない

チャットのメリットのひとつは、メールよりも手軽かつカジュアルに会話できることですが、言葉づかいがあまりにも砕けすぎていると、相手に悪印象を与えてしまう場合もあります。相手との関係性にもよりますが、基本的には敬語を使用してやりとりを行いましょう。

NG

提案してもらったPOPデザイン案、
どっちも超よかったっす。
B案で行くことになったので
ヨロ！

OK

POPデザイン案のご提案、
ありがとうございました。
どちらも素敵だったのですが、
B案にて進めることになりました。

❹迅速なレスポンスを心がける

テンポよくやりとりできる点も、チャットのメリットのひとつ。そのため、早めのレスポンスが求められます。受信に早く気づけるよう、メッセージが届いた際に音を鳴らしたり、ポップアップ表示したりする機能を活用するとよいでしょう。

ふわふわ石けんのPOPの
デザイン案、
進捗はいかがでしょうか？
既読 10:02

NG

スマソ
今晩中に仕上げます！
22:18

遅すぎる返信はNG。また、チャットでは絵文字やスタンプでの返信や感情表現は許容されることが多いですが、特定の人にしかわからない（可能性がある）ネットスラングの使用はなるべく避けましょう

COLUMN

SNSとのつきあい方

SNSでは「話し言葉」を意識しよう

近年は、広告や広報といったビジネス目的でSNSを活用する企業が増えました。また、SNSへの投稿は職場の人との間の話題づくりになる場合もあるため、シニア世代も積極的に楽しみ、活用することをおすすめします。

SNSは息抜きとして読まれることが多いため、文章が硬く真面目すぎると敬遠される場合があります。そのため、**SNSでは仕事でつかうような「書き言葉」ではなく、より カジュアルでやわらかい印象の「話し言葉」を用いたほうが、多くの人に読んでもらえる可能性が高まる**でしょう。

とはいえ、仕事上で関係ある人が見ている場合もあるので、あまりにも「砕けすぎた文章や投稿内容」は避けたほうが無難です。

SNSに投稿するときは、「誰かが見ている」可能性を常に意識しておきましょう。

第4章

職場でのコミュニケーションの基本

何よりも大切なのは謙虚さ

▼「プライド」が就職や人間関係の確立を妨げる

新社会人としての門出から定年までの長い年月にわたって仕事をしてきた人であれば、これまで自分がしてきたことや経歴、経験、スキルなどに対する「自信」や「自負」があるのは当然のことです。

しかし、そうした**プライドばかりが勝っていて「謙虚さ」に欠けている人は、せっかく再就職しても、長続きしないケースが多い**です。

定年後に再就職を目指す人の多くは、定年前に働いていた職場など「今までの経験を活かせる仕事」を探そうとします。ところが、**過去の経歴や実績などのプライドにとらわれていると、再就職へのハードルが上がってしまいます**。

定年後のシニアに、リーダーやマネージャーといった管理職を任せたいという企業は多くありません。また、定年後も現役時代と同じように、そうした重い職責をまっとうできる体力や気力がある人は限られています。

そして当然ながら、**定年後のシニアが、現役時代と「同じ水準の賃金」を維持することも極めて難しい**です。

つまり、過去の仕事に対するプライドやこだわりをいったん脇に置き、「新しい仕事にチャレンジしよう」という気概のある人でないと、定年後に、新たな仕事に就くのは難しいというのが実状です。

就職だけでなく、**職場における人間関係の早期確立のためにも、「謙虚さ」は極めて重要**です。

本書を監修する高齢社では、派遣契約をしているシニアの方々に、次の4つの「就労時のお願い事項」を定めています。

❶挨拶は自分から。派遣先企業の立場になり、新人社員のつもりで。
❷たとえ上長がかつての部下でも、「さん」付けで。現役時代の職位・資格は言わない。
❸過去の成功談（自慢話）はいわない。派遣先社員には教えていただくという姿勢で。
❹過去の自分をいったんリセットする。

定年を迎えても仕事ができるのは「ありがたいこと」

もちろん、気持ちのうえで「謙虚さ」を持つことは大切ですが、新たな職場で快く受け入れてもらうためには、**態度や振る舞いでも周りの人たちに「謙虚さ」や「感謝の気持ち」を示すことが重要**です。

そこで、**意識しておきたいのが「オ」「ア」「シ」「ス」**です。

これは、「おはようございます」「ありがとうございます」「失礼します」「すみません」という4つの言葉の頭文字を取ったものです。

定年を迎えても仕事ができるのは「当たり前のこと」ではなく、実は「ありがたいこと」です。

「昔は部長だった」などと言って周囲の人に偉そうな態度をとる人は、会社にとってはつかいづらいものです。

プライドが捨てられない人は、そうした「つかいづらさ」を補って余りあるほどの実力や人望、人脈などがない限り、遅かれ早かれ「お辞めいただきたい」と、新たな就職先から拒絶されてしまうでしょう。

「オ」「ア」「シ」「ス」とは

新しい就職先や周りの人たちに「謙虚さ」と「感謝の気持ち」を表すためにも、この4つの言葉を忘れずに!

オ おはようございます

ア ありがとうございます

シ 失礼します

ス すみません

経験や資格も「強み」になる

とはいえ、「謙虚さ」がすべてというわけではありません。

シニアでも、経理などの経験や資格がある人は、即戦力として受け入れられやすくなります。また、特別な資格がなくても、自分のセールスポイントを明確にできる人は働き先が見つけやすくなります。

そうした「強み」を活かすためにも、職種にかかわらず欠かせないのが「謙虚さ」であり、「過去の自分をリセットして働く」という意識なのです。人手不足が叫ばれる現在、プライドやこだわりを捨てさえすれば、シニアにはさまざまな仕事があります。

仕事への取り組み方と心がまえ

「働きやすい職場」は自分自身でつくる

たとえ正社員雇用ではなかったとしても、新しい職場に採用されたら、あなたはその会社の「社員」であり、取引先や顧客に対しては会社の「顔」になります。

そのため、「定年後の仮の居場所だから……」などといい加減な気持ちで働くのではなく、「謙虚さ」とともに「責任感」や「やりがい」も持って働きましょう。

中途半端な気持ちで働くことは、会社に対して失礼なばかりでなく、気の緩みからトラブルや事故を招く原因にもなります。

どんな職場でも、「前向きで明るい人」や「役に立ちたいと考えている人」は好かれます。周りの人に好かれれば自然と居心地もよくなり、「やりがい」や「意欲」も増し、結果として、楽しく、長く働くことができるようになります。

つまり、**働きやすい職場（環境）をつくるのは、自分自身の心持ち次第**なのです。

＼シニアからの／

「仕事への取り組み方と心構え」の基本

1

自分でできることは、
進んで自分からする

2

自分の役割を自覚し、
仕事は完全にやり切る

3

過去の知識・経験を
活かしつつ、謙虚な
気持ちで仕事に取り組む

4

作業災害・交通事故、
作業ミスの
発生防止に努める

5

ユニフォーム、
身だしなみは
常に清潔に

働くときの「7つの心得」

▼他人の「自慢話」を聞いて喜ぶ人はいない

年齢に関係なく、誰しも「人の自慢話」は聞きたくないものです。

ところが、なぜか年を取ると「昔の自慢話」が増える人がいます。この残念な現象は、「今の自分」に対する自信のなさが原因といえるでしょう。

自慢話をして「昔はすごかった自分」をアピールすることで、周りの人に認めてもらいたいのです。

一方、**年を取っても「今の仕事」にやりがいや自負を感じている人は、周りの人から認められ、それが自信にもつながるので、自慢話などする必要がありません。**

周囲から煙たがられないようにするためにも、職場では次に挙げた「7つの心得」を意識・実行して、「自慢話」ではなく「今の仕事」で周囲から認められる、格好いいシニアを目指しましょう。

働く前に「7つの心得」をチェックしよう

1. 過去の肩書で威張らない
2. 私心がなく使命感を持っている
3. 進んで自ら挨拶する
4. 身だしなみには常に注意している
5. 約束したことは必ず実行する
6. 頭は下げるためにある
7. 自慢話は一度まで

「報連相」は何歳になっても必要

▼「報連相」は職場におけるコミュニケーションの基本

報告・連絡・相談の頭文字を取った「報連相」は、職場におけるコミュニケーションの基本であり、それは定年後に再就職した場合も同じです。

よい成果だけではなく、失敗やトラブルについても、職場やチーム内で正確・迅速・簡潔に情報を伝え合うことで、スムーズに仕事ができるようになるだけでなく、事故の防止につながります。

いろいろな人が協力し合って働く職場では、「大事なことなのに報告や連絡を怠ってしまった」「相談なく勝手に作業を進めてしまった」といったことが原因で、深刻なトラブルや事故に発展することも少なくありません。

そのため、社内に限らず、社外の取引先やお客さまに対しても「報連相」を徹底する必要があります。

「報連相」のポイント

「報告」のポイント

❶ 早めに報告する
なるべく早い段階で、作業を指示した上司などに直接報告する。

❷ 結論を先に伝える
結論を先に述べ、その後、その結論に至った経緯や理由を述べる。

❸ 事実と意見・憶測は分ける
まずは事実を述べ、その後、自分の意見や憶測を伝える。

❹ 必要なら資料を添える
複雑な内容やデータが必要なものは、できるだけ資料を添える

「連絡」のポイント

❶ 細かいことも連絡する
トラブルや事故の原因になりうることは、どんなに細かいことでも報告する

❷ 曖昧な言葉はつかわない
「～みたいです」「～のようです」といった曖昧な言葉は混乱を招く要因に。

❸ 電話やメールも活用する
急を要する場合は、電話やメールなども活用してなるべく早く伝える。

❹ 情報共有を心がける
情報共有が必要な場合は、特定の一人だけでなく、関係者にも情報を伝える。

「相談」のポイント

❶ すぐに相談する
ミスやトラブルが発生した場合は、事態が悪化する前に報告・相談する。

❷ 相手の都合も考える
至急の相談でなければ、上司のスケジュールや都合を見計らって相談する。

❸ 自分なりの対策を用意する
丸投げの相談はNG。自分なりの対策を考えてから相談する

❹「何でも相談」はNG
勤務中に、仕事に関係のない話を上司や同僚に相談するのはNG

▼情報伝達の基本「5W1H」を意識する

「報連相」のときに限らず、相手に何かを伝えたり、頼んだりする際には、次の**「5W1H」を明確にする**必要があります。

Who……誰が／どんな人が
What……何が（を）／どんなこと（もの）を
When……いつ／どんなときに
Where……どこで（に・へ）／どこから
Why……なぜ／何のために
How……どのように／どうやって

この5W1Hの情報が抜け落ちてしまうと相手に伝わりにくくなるばかりでなく、説得力も弱まってしまいます。

▼相手にとって必要な情報に絞って伝える

とくに情報の正確性を求められる場面では、常に5W1Hを意識する必要があります。

「5W1H」を意識した文章の例

What 「ふわふわ石けん」のパッケージデザインについてですが、
When 10分ほど前に、デザイナーの○○さんから連絡があり、 Who
Why 先方のPCトラブルにより本日作業ができなくなってしまった
When ため、明後日の17日まで待ってほしいとのことでした。
明後日だと販促イベントの前日で、当日までにチラシ作成が Why
間に合わない可能性があるので、デザインの依頼先をB社の
How □□さんに変更したほうがよいでしょうか。

「5W1H」に「How much（いくらで）」を加えて「5W2H」としたり、さらに「How many（どのくらい）」を加えて「5W3H」としたりする場合もあります

この5W1Hに分類できない情報は、客観情報（客観的な事実）ではなく、主観情報（主観的な意見や提案、観測、憶測など）と考えたほうがよいでしょう。

相手に情報を伝える際に、**5W1Hが明確でないと、聞き手にとってわかりづらいばかりでなく、誤解や思い込みなどを招きやすくなります**。

また、相手に伝える場合だけでなく、自分の頭の中で情報を整理する際にも5W1Hを明確にすることで、調査や検討が不十分な箇所が見えてきます。

ただし、**「報連相」の際には5W1Hの詳細をすべて伝えるのではなく、相手にとって必要な情報に絞って伝えましょう**。

学ぶ気持ちを忘れない

▼かつてのリーダーも新たな職場では「新人」

定年前にリーダーやマネージャーとして多くの部下を指導したり、ときには厳しく叱ったりしていた人は、若い人に対して「仕事はこうするものだ」などと指導したくなるときもあるでしょう。

しかし、**かつてのリーダーやマネージャーも、新たな職場においては「新人」**です。そのため、**積極的に若い人たちの話を聞き、学ぼうとする姿勢が求められます**。

年齢差がある人の多い職場でよい人間関係を築くためには、素直に、誠実に、常に腰を低くしていることが大切です。

そうした謙虚な気持ちを示してこそ、周りの若い人たちも、素直に「経験豊富な人生の先輩から学びたい」という気持ちになるものです。

「まだまだ成長できる自分」を楽しむ

そもそも、お金のためだけに、いやいや働いていても長続きしません。
また、「現状維持ができればいい」といった後ろ向きな気持ちで過ごしていては、これからの仕事や人生を楽しむことができなくなっていきます。

現役時代は誰しも出世が気になるものです。また、住宅ローンや子どもの教育費など背負うものもあります。

しかし、定年後には、ほとんどの人がそうしたものから解放されます。年金も入ってくるので、「そこそこ稼げればいい」という人も多いでしょう。

定年後とは、そうした「自由を楽しめる時期」なのです。そのため、現役時代のようにがむしゃらに働いたり、学んだりする必要はありません。

自分のペースで学び、余裕を持ってゆっくりと「まだまだ成長できる自分」を楽しむ、といった意識や姿勢が、結果として長く働き続けることができる「自分」や「環境」をつくりあげてくれます。

COLUMN

シニアだからこそ「滑舌」の訓練を

「発声」と「滑舌」はコミュニケーションの基本

年を重ねると、声が小さくなったり、滑舌が悪くなったりする人は多いです。

もちろん、年齢とともに衰える部分が出てくるのは当たり前のことであり、仕方のないことです。

しかし、「発声」や「滑舌」は、仕事に限らず人とコミュニケーションをとるうえで必要不可欠なものであり、訓練で衰えを防げるのなら、それに越したことはありません。

そこで、ここでは基礎的な発声訓練を紹介いたします。

シニア世代の人でも、**次に紹介する訓練を習慣化して毎日続ければ、衰えの防止どころか、むしろスムーズに発声できるようになる**でしょう。

また、声を出す訓練は老化防止の効果があるともいわれているので、アンチエイジングのためにも、ぜひチャレンジしてみてください。

発声練習①

声を出す練習

右列から左列へと順番に、一音ずつ丁寧に発声しましょう（一日3回繰り返す）。

Point 口を大きく開け（口に指が3本入るくらいが目安）、口角を上げて発声しましょう。

わ	ら	や	ま	は	な	た	さ	か	あ
を	れ	え	め	へ	ね	て	せ	け	え
ん	り	い	み	ひ	に	ち	し	き	い
	る	ゆ	む	ふ	ぬ	つ	す	く	う
	れ	え	め	へ	ね	て	せ	け	え
	ろ	よ	も	ほ	の	と	そ	こ	お
	ら	や	ま	は	な	た	さ	か	あ
	ろ	よ	も	ほ	の	と	そ	こ	お

発声練習②

滑舌の練習

以下の「早口言葉」を、“ゆっくりと”明瞭に読みましょう（一日3回繰り返す）。

Point 前ページの「声を出す練習」と同様、口を大きく開け、口角を上げて発声しましょう。

- 青巻紙《あおまきがみ》　赤巻紙《あかまきがみ》　黄巻紙《きまきがみ》
- 新人《しんじん》歌手《かしゅ》新春《しんしゅん》シャンソンショー
- お綾《あや》やお過《あやま》ちをお謝《あやま》りなさい。
お綾《あや》や親《おや》にお謝《あやま》り、お綾《あや》や八百屋《やおや》にお謝《あやま》りとお言《い》い。
お綾《あや》や親《おや》とお湯屋《ゆや》へ行《い》くと八百屋《やおや》にお言《い》い。
- 赤《あか》パジャマ　黄《き》パジャマ　茶《ちゃ》パジャマ
- 瓜売《うりう》りが瓜売《うりう》りに来《き》て　瓜売《うりう》りのこし
売《う》り売《う》り帰《かえ》る　瓜売《うりう》りの声

毎日練習してゆっくりと間違いなく
発声できるようになったら、
読む速度を少しずつ速めていきましょう

第5章

働く人の健康管理の基本

仕事が健康を維持してくれる

▼定年後も働くことで「健康寿命」が延びる

かつては「定年後はゆっくりと過ごす」と考える人も多かったのですが、それはすでに過去の話となっています。

近年は、公的年金の支給開始年齢が段階的に引き上げられたことにより無年金期間が拡大したこともあり、「定年後も働かざるを得ない」という人もいると思います。

しかし、そうしたネガティブな「働く理由」とは別に、定年後も働くことで健康が維持できるという、働く理由をポジティブにとらえられる研究結果もあります。

また、近年は平均寿命が延び続けている中で、「健康寿命（健康上の問題で日常生活が制限されることなく生活できる期間の平均）」も注目されるようになりました。

これからの「人生100年時代」には、**定年後も働くことで健康を維持し、健康寿命を延ばすことが重要になってきている**のです。

平均寿命と健康寿命の推移

以下は日本人男女の健康寿命の推移を表したグラフです。2022年の健康寿命は、男性が72.57歳、女性が75.45歳でした（厚生労働省発表）。

男性

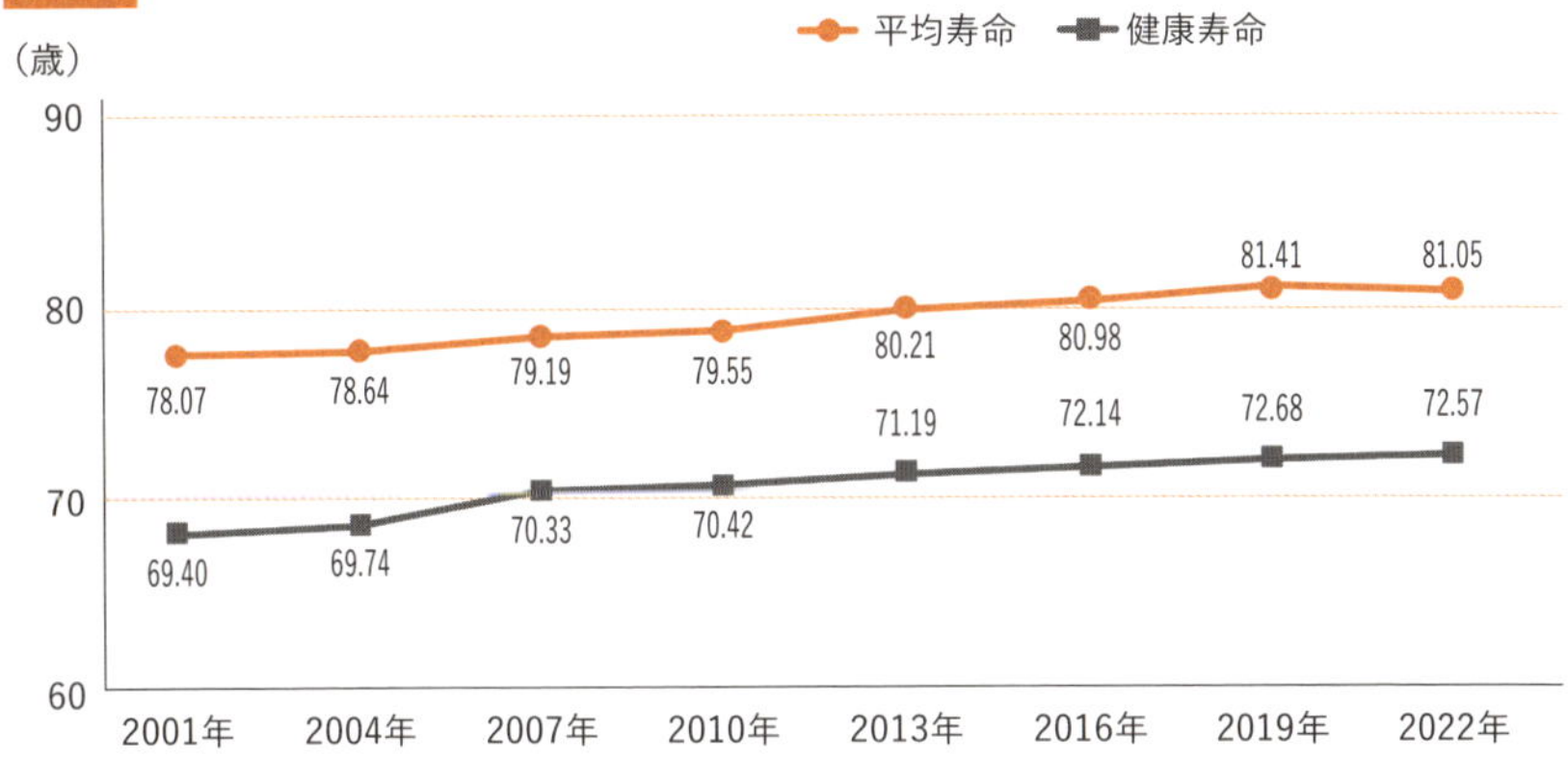

女性

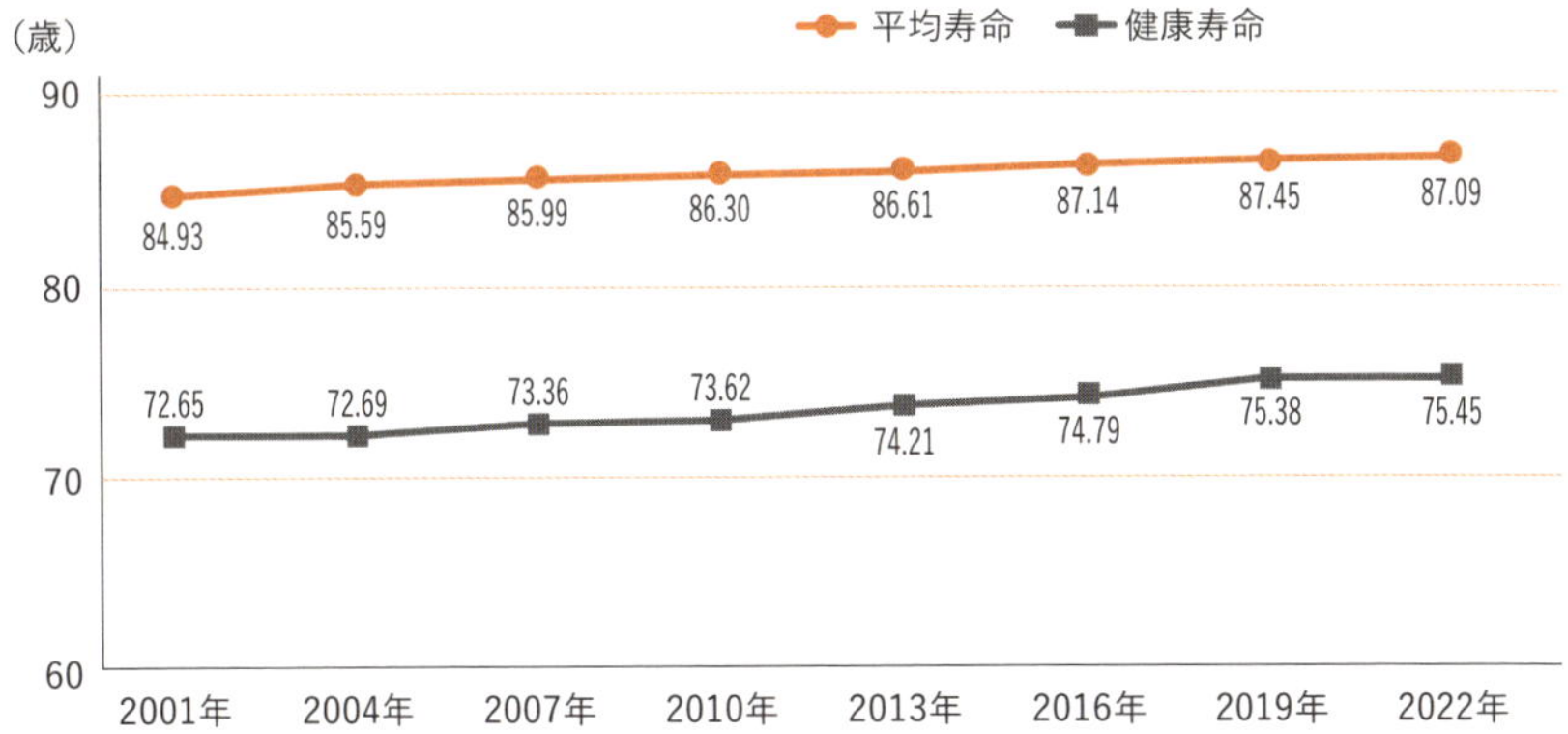

出典：厚生労働省健康・生活衛生局健康課「健康寿命の令和4年値について」（一部改変）

心身に負担をかけない仕事を選ぶことが大切

シニア世代は、体力の低下や健康リスクが増える年代であり、意欲や思考力の低下も現れる傾向にあるため、心身の両面をケアする必要があります。

もちろん、適度な運動やバランスのとれた食事といった生活面でのケアも大切ですが、社会との関わりを通じて精神的な充実感を得ることも大切です。

実際のところ、**定年後の大きなリスク要因となるのが「孤独」**です。孤独は心の健康を損ない、不安やうつ病を引き起こすきっかけとなる場合があります。

定年後も仕事を通じて社会とつながることには、さまざまなメリットがあります。まず、仕事があることで規則的な生活を送ることができます。また、通勤や仕事を通して適度に体を動かすことは、体力を維持するうえでも効果的です。

そして心の健康面でも、仕事を通して多くの人たちと関わることで「自分が必要とされている」と実感することは、幸福感や充足感を高めるだけでなく、ストレスを軽減する効果もあります。

もちろん、シニア世代が心身の健康を保つためには、過度な労働や重責は避けるべき

仕事が健康にもたらすメリット

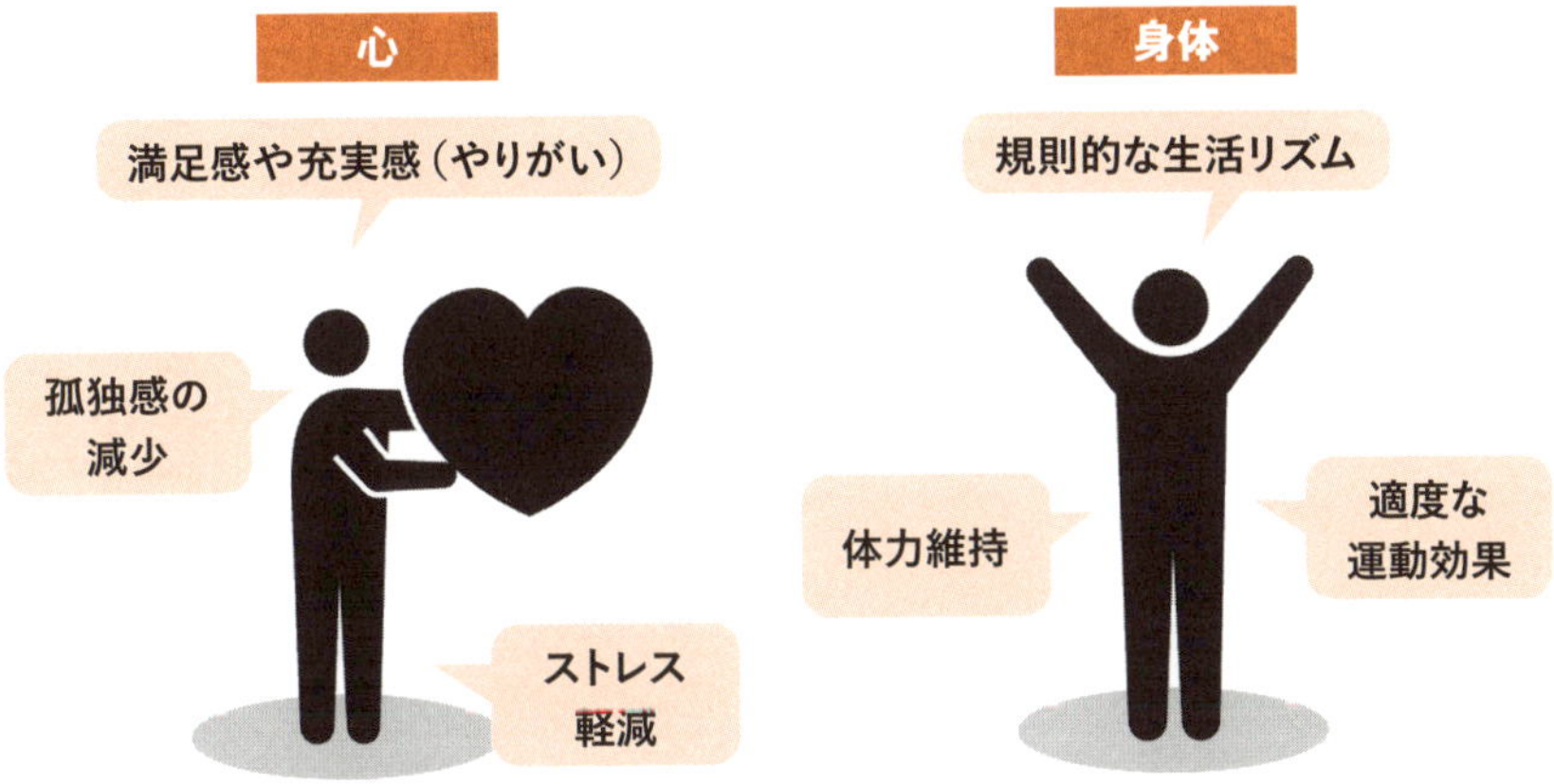

です。そのためには、**無理をせず自分のペースで働くことができる環境を選ぶことが大切**です。

まずは心身に負担をかけない仕事を選びましょう。

自分の時間も楽しみつつ、無理なく働くためには、一つの仕事を2～3人で行うワークシェアリング（131ページ参照）という選択肢もあります。

序章のコラムでも触れたとおり、高齢社では、〝ひとは「元気だから働く」のではなく、「働くから元気になる」〟をスローガンに掲げています。定年後も、仕事という「やりがい」を持ち続けることで、心身の健康を維持することができるのです。

自分の健康状態を把握する

▼社会とのつながりの低下が身体機能の低下をもたらす

シニア世代は、定年前の世代に比べると健康上の問題が生じやすくなります。また、加齢により知覚能力が低下することで、体調不良や病気といった健康上のリスクを自覚しづらくなり、重篤化しやすくなる傾向にあります。

定年後の健康リスクは、純粋に加齢を原因としたものばかりではありません。実は、**社会とのつながりの低下も身体機能低下をもたらす大きな要因の一つ**となっています。

社会とのつながりがなくなると、生活が不活発になります。すると、身体活動量の減少や食事の質の低下を招き、体力の低下や筋肉量の減少などの身体機能の低下を招くばかりでなく、心の面においても、不安やうつ、気分の落ち込み、認知機能の低下などさまざまなリスクをもたらします。

こうした**身体機能の低下を防ぐためには、「動く時間を増やす」「タンパク質をしっか**

健康維持のための3つの柱

社会とのつながり

仕事や趣味の集い、ボランティア活動など、積極的に社会との関わりを持ち続けることで心身の健康を保つ。

食事

栄養バランスや一日3食など、低栄養にならないためのバランスのよい食事と歯磨きによる口腔衛生が大切。

運動

ウォーキングや日常生活の活動など、適度な運動で筋肉や骨、関節、内臓機能などの衰えを予防する。

り摂る」「社会とのつながりを保つ」といった対策が必要です。

健康を保つための秘訣《ひけつ》

定年後も働き続けるうえで、何よりも大切なのが健康です。

健康状態がよいことで仕事を続けることができ、また、仕事を続けることで健康や体力に自信がつき、さらに仕事にやりがいや生きがい、働きがいを持ち続けることができるという好循環を生み出します。

なお、シニア世代が長く健康を保つうえでは、病気になったりケガをしたりする前に、なるべく早い時期から予防のための対策を行うことが重要です。

健康診断や健康チェックを心がける

健康を維持するためには、定期的な健康診断や健康チェックを通して、自らの健康状態を把握することも大切です。

健康診断を毎年受けることで、生活習慣病の予防や、がんなどの重大な病気の早期発見・早期治療などにつながります。

肝機能や腎機能、脂質異常や糖尿病のリスクなど、健康を維持するうえで欠かせない情報を把握するためにも、定期的に健康診断を受けるようにしましょう。

また、自身の健康状態を把握するうえでは、「バイタルサイン」のチェックも有効です。バイタルサインとは、身体の生命活動や健康状態を示す指標のことで、日本語では「生命の徴候」と訳されます。

バイタルサインの基本は「体温」「血圧」「脈拍」「呼吸」の4項目で、これに「酸素飽和度」「意識レベル」などを加える場合もあります。

基本の4項目は、測定器があれば自宅でもチェックすることができるので、病気予防

この基準値はあくまでも目安です。また、各数値が基準値以内だったとしても急激に変化した場合は、医師の診察を受けましょう

シニア世代（65〜74歳）のバイタルサイン基準値

体温	36〜37℃前後
血圧	140／90mmHg未満
脈拍	60〜70回／分
呼吸	12〜28回／分

のためにも、日々の健康管理に取り入れることをおすすめします。

健康の基本は「生活習慣」

とはいえ、健康診断でも健康チェックでもありません。**何よりも大切なのは「生活習慣」**です。

また、勘違いしてはいけないのが、「医師が健康をつくってくれる」わけではなく、「健康は自分でつくるもの」だということです。

いつまでも楽しく、長く働き続けるためにも、自身の健康を定期的にチェックしながら、常に「健康でいられる生活」を心がけるようにしましょう。

ワクチン接種で感染症を予防する

▼予防接種の目的は「自分の病気予防」だけではない

シニア世代は抵抗力が弱まるため、さまざまな感染症にかかりやすい傾向があります。**とくにインフルエンザは、高齢者が罹患《りかん》すると重症化や肺炎球菌感染症（肺炎）などを併発しやすくなるため注意が必要**です。

なお、日本における肺炎球菌による死亡率は19％と高く、そのうち69％を65歳以上の高齢者が占めることが知られています。

感染症予防のための有効な手段の一つが、予防接種です。ワクチンの専門的な学会などでは、ワクチンで防げる病気（感染症）のことを「VPD（Vaccine Preventable Diseases）」といいます。

近年は、ワクチンによる予防が可能な病気の範囲が広がり、高齢者の健康維持における役割がますます重要になっています。

シニア世代が注意すべきVPD

新型コロナウイルス
せきや発熱などの呼吸器症状が主な症状。後遺症が残る場合もある。

肺炎球菌（肺炎）
高齢者の肺炎の主因で、65歳以上で死亡率が顕著に増加する。

インフルエンザ
毎年冬に流行。とくに高齢者に肺炎などの重篤な影響をおよぼす。

帯状疱疹
水痘・帯状疱疹ウイルスによって皮膚の痛みや発疹などが起こる。

RSウイルス
呼吸器症状が主で、初回感染時に重症化しやすいといわれている。

体力や免疫が低下した高齢者は、先ほど挙げたインフルエンザや肺炎のほか、百日ぜきや帯状疱疹《たいじょうほうしん》にもかかりやすい傾向があります。

また、2019年末から世界中に感染が拡大し、日本国内で4万7千人以上が死亡した新型コロナウイルス感染症を予防するワクチンの接種も推奨されています。

予防接種の目的は、自身の病気予防だけではありません。

多くの人が予防接種を受けることで感染拡大を防ぐ効果があり、それにより医療機関の負担や逼迫《ひっぱく》を軽減することにもつながるため、職場や社会のためにも、なるべく受けるようにしましょう。

ふだんの生活における感染予防対策

有効な感染症対策は予防接種だけではありません。ふだんの生活で、感染症のリスクを減らすよう気をつけることも大切です。

もっとも基本的な対策は、小まめな手洗いやうがい、消毒などです。外出先から自宅に帰ったときはもちろんのこと、職場や外出先での入室・退出時などにも手洗いやうがい、消毒などを徹底することで、自身だけでなく周囲への感染予防にもつながります。

また、**風邪やインフルエンザの流行期には、人混みや繁華街への外出はなるべく控えたほうがいい**でしょう。通勤や業務などでやむを得ず人混みに入るときには、不織布製マスクを着用して、できるだけ短時間で離れるようにしましょう。

室内にいるときも、空気が乾燥すると、のどや鼻の粘膜の防御機能が低下し感染症にかかりやすくなるため、加湿器などをつかって適度な湿度（50～60％）を保つように心がけましょう。

同居家族がいたり訪問者が多かったりする場合には、1～2時間ごとの換気や、ドアノブやスイッチなど人の手が触れる場所の消毒なども効果的です。

日常生活における感染予防対策

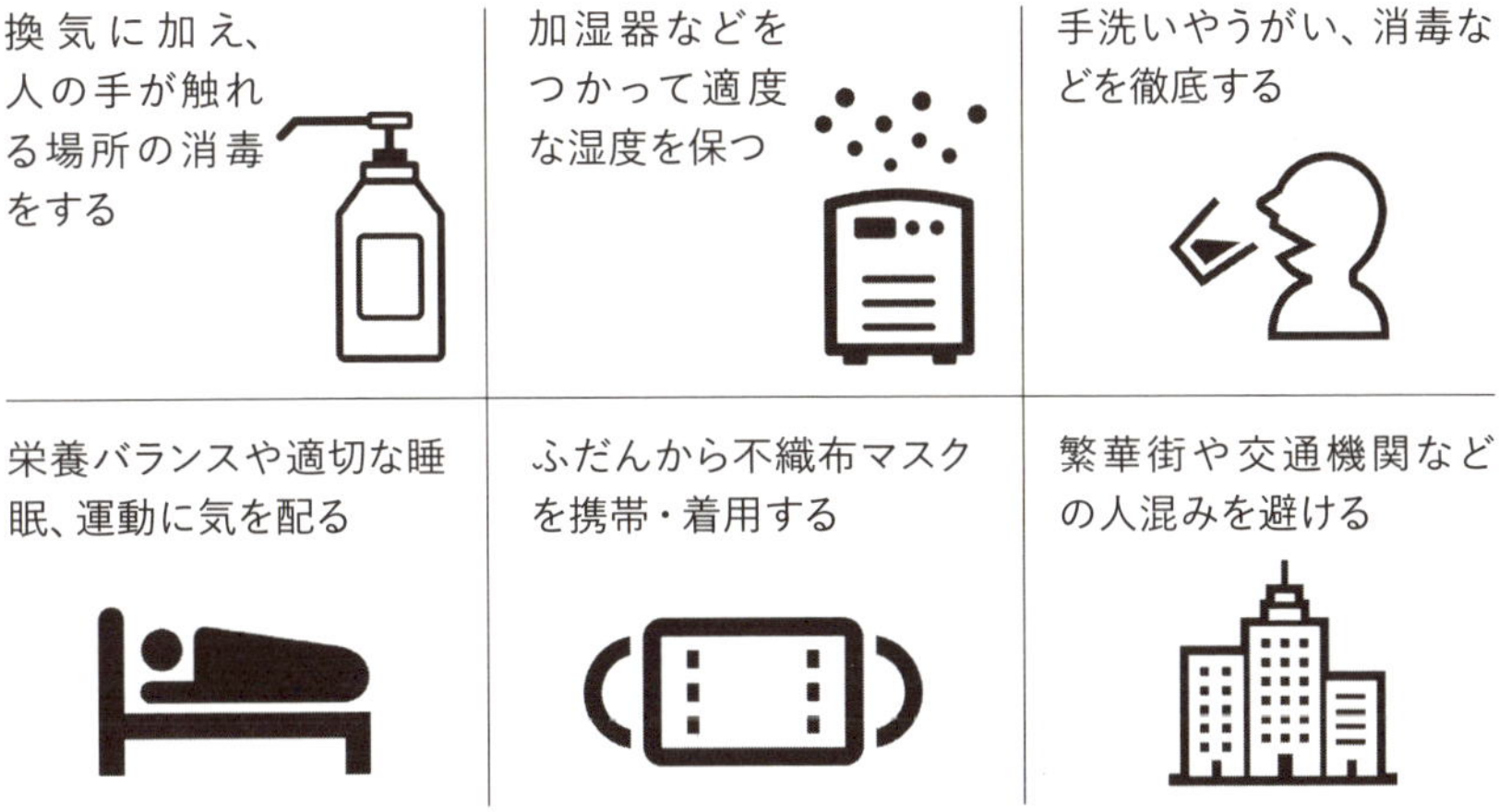
換気に加え、人の手が触れる場所の消毒をする
加湿器などをつかって適度な湿度を保つ
手洗いやうがい、消毒などを徹底する
栄養バランスや適切な睡眠、運動に気を配る
ふだんから不織布マスクを携帯・着用する
繁華街や交通機関などの人混みを避ける

生活習慣にも配慮する

体力や免疫力の低下も感染症の要因となるため、バランスのとれた食事や十分な睡眠、適度な運動なども大切です。

もしも「感染症になったかも」と思ったら、早めに医療機関を受診し、安静に過ごしましょう（流行期の新型コロナウイルスのような周囲への影響が大きい感染症の場合は、まずは都道府県の相談窓口やかかりつけの医師に電話し、受診するべきかどうか相談を）。

また、症状が治まった場合も、周囲の人へ感染させないよう、しばらくの間はマスクを着用して過ごしましょう。

日々の「食事」と「運動」の重要性

▼「食事」と「運動」で健康寿命を延ばす

日本は世界一の長寿国といわれていますが、人生を楽しみ、充実させるうえで重要なのは、何年生きられたかという「寿命」ではなく、健康的に生活できる期間を指す「健康寿命」（100ページ参照）です。

健康寿命を延ばすために、まず心がけるべきなのが、タンパク質、糖質、脂質、ビタミン、ミネラルという「5大栄養素」をバランスよく満たした食事です。

高齢になると、多くの人は手軽に食べられる麺類やご飯、パンなどの炭水化物中心の食事に偏りがちになり、調理が必要だったり、噛み切りにくかったりする肉類や野菜類などの摂取が不足する傾向にあります。

基本的には毎食、主食のほかに主菜や副菜なども添えて食事をすると、栄養バランスがよくなります。

「5大栄養素」を満たした食事が大切

もう一つ、健康寿命を延ばすために重要なのが適度な運動です。**筋肉をつけて足腰を強くすることで活発に活動できるようになることはもとより、代謝機能や病気に対する抵抗力も高まり、転倒のリスクも減ります。**

なお、厚生労働省では、一日40分以上の身体活動（6000歩以上のウォーキングなど）、週2〜3回の筋トレのほか、外出や就業、社会参加を増やしたり、今よりも10分多く家事などの低強度活動を増やしたりすることを推奨しています。

外出が難しい場合には、スクワットやかかと上げ運動、階段の上り下りといった室内でできる運動も効果的です。

COLUMN

「無理がきかない」ことを認める

▼健康のためには「無理をしない」ことも大切

若いころは、「多少の無理は仕事だから仕方ない」などと考えたり、「少しくらい無理をしたほうが成長できる」などと感じたりしていた人も多いでしょう。

しかし、**年を取ったら無理は禁物**です。

多くの人は加齢とともに体力が低下し、それにともない気力や忍耐力なども低下していきます。

そして、若いころには平気だったようなことでも、心身に疲れやストレスが蓄積しやすくなります。

そうした状況で無理を続けると、仕事の継続が困難になり、最悪の場合はうつ病や認知症を発症してしまう可能性すらあります。

「無理がきかないことを認める」のも、楽しく、長く仕事を続けるコツの一つなのです。

第6章

長く働き続けるための安全管理の基本

侮ってはいけない「転倒」リスク

▼加齢により急激に増加する転倒リスク

60代になったとしても、まだまだ体力があるうちは「まさか自分が、転んでケガをするなんてことはないはず……」と思う人は、少なくないでしょう。

しかし、年を取ると、筋力やバランス能力、瞬発力、柔軟性、視力などが低下することで、急激に転倒のリスクが増加します。

また、病気や薬の影響、運動不足などが原因で転倒しやすくなる人もいます。実際に、近年は50歳以上を中心に、転倒による骨折などの労働災害（126ページ参照）が増加し続けています。

厚生労働省による「令和4年人口動態統計」によると、高齢者の転倒・転落・墜落による死亡者数は1万809人で、交通事故による死亡者数の5倍以上でした。

シニアにとって、転倒は骨折や頭部外傷などの大ケガにつながりやすく、それが原因

シニアが転倒する主な原因

病気や薬の影響	加齢や運動不足による身体機能の低下
・病気による体調不良やめまい ・薬の副作用による立ちくらみやめまい など	・筋力の低下 ・運動速度や姿勢反射の低下 ・バランス能力の低下 ・視覚や聴覚の低下 など

で介護が必要な状態になってしまうこともあります。

　また、たとえケガの症状が軽かったとしても、若いときに比べると回復に時間がかかり、後遺症が残るリスクも高まります。

　さらには**転倒による不安や恐怖から活動量が低下し、体力が低下することによって転倒リスクが増加するという負のスパイラルに陥ってしまう**場合もあります。

　なお、「令和4年国民生活基礎調査（厚生労働省）」によると、高齢者の介護が必要となった主な要因は、認知症、脳血管疾患（脳卒中）に続き、「骨折・転倒」が13・9％を占め、高齢による衰弱よりも多いという結果でした。

住宅内事故発生場所の比率（65歳以上）

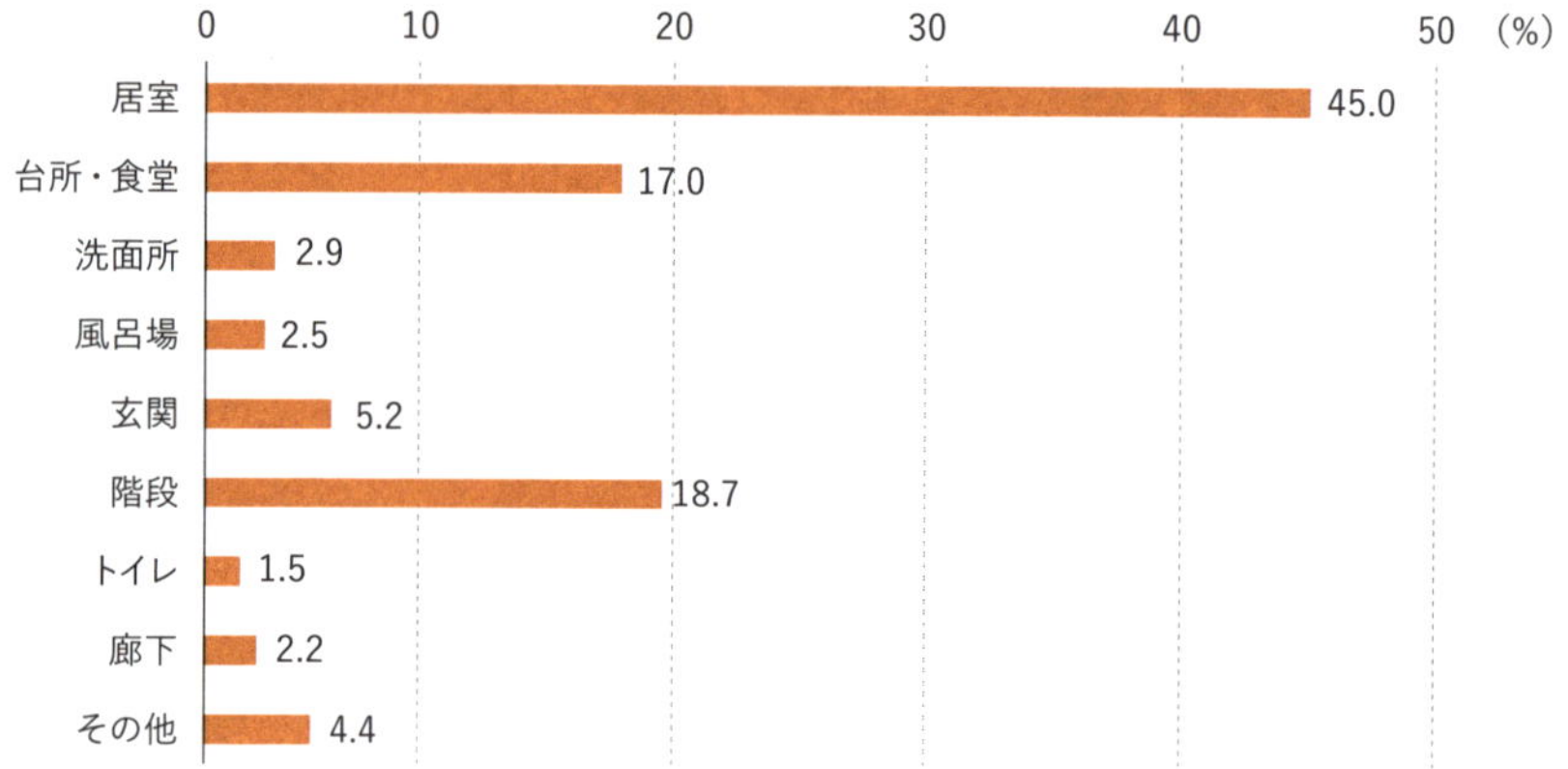

出典：国民生活センター「医療機関ネットワーク事業からみた家庭内事故―高齢者編―」（平成25年3月公表）

転倒事故の多くは自宅で発生

転倒の3大原因となっているのが、「すべり」「つまずき」「踏み外し」です。「仕事はオフィスワークだし、転倒するような場所はないから大丈夫」と思う人もいるかもしれませんが、実は、**シニアの転倒事故の多くは室内（自宅）で発生しています**。

とくに段差や階段、絨《じゅう》毯《たん》や電気器具のコードなどの家具や家電、浴室や廊下などすべりやすい場所や薄暗い場所のほか、転んだりすべったりしやすい履物による転倒にも注意が必要です。

もちろん自宅のみならず、外出時にも段差や階段など多くの転倒リスクが潜んでいます。とくに雨の日は、道路や建物内の床が濡れてすべりやすいため十分に気をつける必要があります。また、**女性は男性よりも転倒発生率が高く、加齢とともに骨折のリスクも著しく増大します**。厚生労働省による「令和4年労働災害発生状況の分析等」によると、同年に発生した転倒災害のうち約3割は、60歳以上の女性によるものでした。

▼転倒のリスクを減らす方法

転倒につながる身体機能の低下は、すぐに改善することは難しいかもしれませんが、生活環境を見直して、段差をなくす、床にものを置かない、電気コードや絨毯の縁などはテープで床に貼りつける、転倒の危険性がある場所には手すりを設置する、暗い場所には照明を設置するといった対策で、転倒のリスクを減らすことができます。

加えて、ウォーキングやスクワットなどの筋トレや、立った状態での太もも上げやかかと上げ運動、ものにつかまった状態での片足立ちといったトレーニングで**足腰やバランス能力を鍛えることでも、転倒および転倒による大ケガのリスクは軽減されます**。

また、ふだんから転倒リスクがあることを念頭において、「慌てず、焦らず、落ち着いて」を心がけることも大切です。

事故を防ぐための「4S」とは

▼「4S」を徹底してトラブルや事故を未然に防ぐ

楽しく、長く働き続けるためには、職場での事故を防ぐことも重要です。

職場の安全を保つためのキーワードに「4S」があります。

4Sは、安全で健康な職場づくりや生産性の向上を目的に設定された定義で、「整理」「整頓」「清掃」「清潔」を行うことを指します。近年は、この4つに「躾《しつけ》（職場のルールや規律を守らせること）」を加えて「5S」とする場合もあります。

4Sを行うことで、仕事の中での間違いや無駄、業務の停滞、混乱ややり直しが軽減され、トラブルや事故の防止にもつながります。

ただし、いきなり4Sを徹底することは、なかなか難しいことです。

一度にすべてを行うのが難しい場合には、まずはチェックリストを作成し、整理・整頓などすぐにできそうなことから実践していくとよいでしょう。

「4S」とは？

清掃

身の周りのものや作業場の掃除をしてきれいに保つ。

整理

必要なものと不要なものを分け、不要なものを処分する。

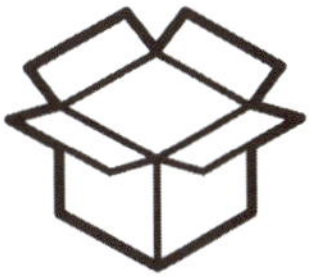

清潔

不快感を与えないように服装や身だしなみを清潔に保つ。

整頓

必要なものを、使いやすいよう所定の場所に収納する。

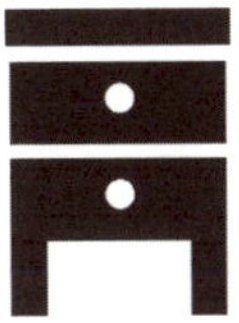

4Sはチーム全体で進める

4S活動は、可能であれば一人ではなく、マネージャーを中心にチーム全体で進めたほうが効果的です。

チームでの4Sの推進は、コミュニケーションの活性化やチーム力の向上、職場環境の改善などにもよい影響をもたらします。**とくに製造業やサービス業の現場では、4Sは職場の安全と作業者の健康を守り、生産性を向上させるうえで極めて重要**です。

また、4Sを徹底することは職場をきれいに保つことにつながるため、転倒や転落といったシニアにとってとくにリスクの高い事故の防止にもつながります。

「指差し呼称」と「ヒヤリ・ハット」

▼「指差し呼称」で緊張感や集中力を高める

現場での事故を防止するための効果的な手段として、「指差し呼称」の徹底と「ヒヤリ・ハット」の報告があります。

指差し呼称は、危険予知活動の一環として、作業対象や計器類、信号などを指差し、「電源スイッチ、オフ。よし！」などと、その名称と状態を声に出して確認することです。

もとは国鉄の蒸気機関車の機関士が実施する安全動作でしたが、現在では鉄道業だけでなく、航空業、運輸業、建設業、製造業など、幅広い業界で行われています。

指差し呼称は、単なる安全確認だけでなく、**指で差し声に出して確認するという行動によって人間の意識レベルを活性化させ、緊張感や集中力を高めることで、不注意やミスを防ぐ効果もある**といわれています。

なお、1994年に財団法人（現・公益財団法人）鉄道総合技術研究所が行った実験では、「指差しと呼称を、共に行わなかった」場合の操作ボタンの押し間違いの発生率が2・38％であったのに対し、「指差しと呼称を、共に行った」場合の押し間違いの発生率は0・38％と、約6分の1まで下がりました。

重大な事故を未然に防ぐための安全活動

一方、「ヒヤリ・ハット」は、「ヒヤッとした」「ハッと気づいた」といった危険な状況を指し、そうした状況を現場の一人ひとりが的確に報告し、全員と共有することで重大な事故を未然に防ぐための安全活動です。

労働災害の分野でよく知られる「ハインリッヒの法則」では、**1件の重大事故の裏には29件の軽傷事故、300件の無傷事故（ヒヤリ・ハット）がある**といわれています。

些細《ささい》な「ヒヤリ・ハット」であっても、ためらわずに報告し、全員が共有することで、事前の対策や危険の認識を深めることが可能になり、現場の安全性が高まります。

なお、「ヒヤリ・ハット」を報告する際は、「いつ」「どこで」「どのような作業中に」「ヒヤッとした内容」「どうすれば改善できるか」などの項目に分けて記入（報告）すると、状況や対策の確認・理解がスムーズになり、その後の共有や議論もしやすくなります。

押さえておくべき「運転」の心得

▼「コメンタリー運転」と「ブタと燃料」

シニアになると、身体能力や認知能力が少しずつ低下していき、車の運転中に交通事故を起こしてしまう危険性が高まります。

そのため、**定年後は自分の心身の変化を十分に自覚し、車を運転する際には若いころ以上に安全を意識する**必要があります。

運転するときに、まず意識しておきたいのが安全確認ですが、その際に取り入れたいのが「コメンタリー運転」です。

コメンタリー運転とは、前のページで解説した「指差し呼称」に似た安全確認の手法で、**ドライバーが目の前のシーンや自らの運転行動など、気づいたことについて次々と声に出し、確認しながら運転する**ことをいいます。

たとえば、青信号で交差点を通過する場合に「信号、青！」と声に出す、あるいは歩行者が信号待ちしていたら「歩行者、注意！」と声に出すことで、信号の見落としといったミスを防いだり、歩行者の信号無視に適切な対処ができるようになったりします。

このように、声に出して確認することによって、自分の運転行動を明確化し、意識を集中させる効果が見込まれるのです。

また、事故を避けるには、車の運転時だけでなく、日常点検も大切です。その際、意識しておきたいのが「ブタと燃料」です。**「ブ」はブレーキ、「タ」はタイヤ、「と」は灯火類、「燃料」はガソリン**を指します。この4つに不具合があると事故につながる可能性が高まるため、日常点検の際には重点的に確認しましょう。

なお、交通事故のおよそ半数は、道路ではなく駐車場で起きています。駐車場内は死角が多いうえ、スピードを出すことが少ないことからドライバーと歩行者双方の油断を招きがちなため、とくに注意が必要です。

また、**高齢者は「歩行中」または「自転車乗車中」の事故もほかの年代に比べて多発する傾向にあります**。現在、自転車乗車時のヘルメット着用は「努力義務」とされ罰則はありませんが、「自分の体は自分で守る」意識を持ち、必ず着用しましょう。

労災の基礎知識と保険給付申請

▼「労働災害」は2種類に大別される

仕事や通勤が原因でケガや病気をすることを労働災害（労災）といいます。労災の中で60歳以上が占める割合は年々増えており、現在はおよそ3割にのぼります。

労災は主に2つの種類に分けられ、**通勤中に発生したケガについては「通勤災害」**、**業務中に発生した事故によるケガや病気は「業務災害」**と呼ばれます。

いずれの場合も、労災が認められると労災保険から通院費用や生活費の補償などを受けることができます。

なお、労災保険は、労働者を一人でも雇用する会社には加入が義務づけられており、ほかの社会保険とは異なり、保険料の全額を事業主が負担します。

労災保険における労働者とは、「職業の種類を問わず、事業に使用される者で、賃金を支払われる者」をいい、一週の労働時間が20時間以上で、31日以上引き続き雇用され

労災保険の補償内容

▶障害（補償）等給付

傷病が治癒したあとに障害等級第1〜7級に該当する障害が残ったときには「年金」が、第8〜14級に該当する障害が残ったときには「一時金」が給付される。

▶遺族（補償）等給付

死亡したときに遺族の人数などに応じた「年金」が支給される。また、死亡時に生計を同じくしていた遺族がいない場合には「一時金」が給付される。

※上記のほか、「傷病（補償）等年金」「介護（補償）等給付」「葬祭料等（葬祭給付）」「二次健康診断等給付」などがある。

▶療養（補償）等給付

労災保険指定医療機関や労災病院などで、ケガや病気が治るまで自己負担なく現物給付（治療や薬剤の支給）や療養の費用が給付される。

▶休業（補償）等給付

ケガや病気のため労働することができない場合、休業4日目から、休業一日につき給付基礎日額の60％相当額が給付される。

休業4日未満の場合は、雇用者が休業補償を行う義務がある。

▼

ることが見込まれる労働者であれば、正社員ではない**アルバイトやパートタイマーなどの雇用形態でも補償の対象**となります。

労災保険は自己負担なし

ケガや病気を対象とした社会保険には「健康保険」もありますが、**労災保険の対象となった場合は、療養の費用の自己負担がなく、休業時の手当についても健康保険の「傷病手当金」よりも手厚い補償が受けられます**。

ただし、通勤中や業務中のケガや病気であったとしても、その要因が業務に関わりがない場合や、故意によるケガなどの場合は補償の対象にはなりません。

労災保険の申請手続き

労災保険の給付を受けるためには、申請手続きが必要です。

まず、労災が発生したら、被災した従業員は会社に事故を報告し、所轄の労働基準監督署もしくは厚生労働省のＨＰから補償の種類に応じた請求書を入手します。その後、請求書に必要事項を記入したら、補償の種類に応じて必要となる添付書類とともに労働基準監督署に提出します（提出は個人、会社のいずれからでも可能）。

労働基準監督署は、請求書の内容に基づいて調査を行い、労災に該当すると判断されると、補償の給付が決定します。

なお、給付決定までには一定の時間がかかるため、その間にかかった医療費などは個人が立て替えておくことになりますが、労災病院または労災指定医療機関以外で受診した場合は健康保険がつかえないため、療養内容によっては高額になる可能性があります。

一方、**労災病院および労災指定医療機関で受診した場合には、窓口で治療費を支払う必要はありません。この場合、「療養の給付請求書」は、受診した医療機関経由で労働基準監督署に提出されます**。

労災保険の申請から給付までの流れ

労働災害発生

（労災病院・労災指定医療機関の場合）

- 労災病院・労災指定医療機関で受診
- ↓ 事業主から請求書に証明を受ける
- ↓ 指定医療機関へ請求書を提出
- ↓ 労働基準監督署で請求書を受理
- ↓ 労働基準監督署の調査
- ↓ 指定医療機関に治療費などが支払われる

（その他の医療機関の場合）

- その他（労災病院・労災指定医療機関以外）で受診
- ↓ 本人が医療機関へ治療費などを支払う
  ※健康保険は適用外
- ↓ 事業主・医療機関から請求書に証明を受ける
- ↓ 労働基準監督署へ請求書を提出
  ※看護・移送などに要した費用があれば領収書などを添付
- ↓ 労働基準監督署の調査
- ↓ 指定された請求人の振込口座へ支払われる

請求受付から給付決定までの期間は概《おおむ》ね1カ月

※各種の補償は、以下の期限を過ぎると給付を受けられなくなります。

3カ月　二次健康診断等給付　2年　療養（補償）等給付、休業（補償）等給付、介護（補償）等給付

5年　障害（補償）等給付、遺族（補償）等給付（年金と一時金）

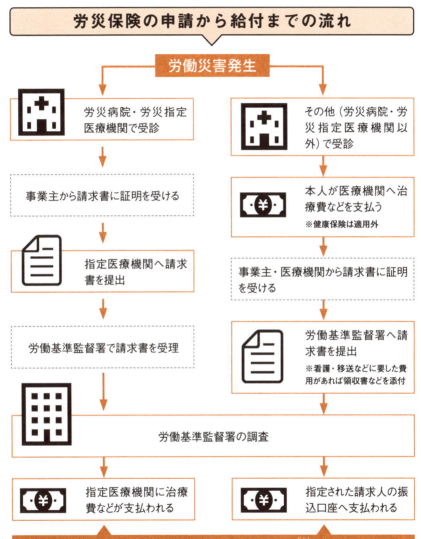

体力に合ったワークライフバランスが大切

▼「お金のためにあくせく働く」のはやめる

定年後の仕事を探すときには、「自分の今の体力に合ったワークライフバランス」を意識しましょう。

「今の60代は、昔の同じ年代の人たちよりも若い」といったところで、やはり、30代や40代のころのような体力や気力を維持するのは難しいものです。

とくに体力面は、自分が思っている以上に落ちている場合もあるので無理は禁物です。

また、出世競争や住宅ローン、子どもの教育費などから解放された定年後は、「お金のためにあくせく働く」のではなく、「趣味や日々の生活を充実させるために働く」ことを意識したほうが、幸せな暮らしが送れます。

65歳を超えたら、長時間労働や肉体労働など、過度に負担のかかる仕事はなるべく避けましょう。また、体力に自信がない人は、長距離通勤も避けたほうがよいでしょう。

趣味や日々の生活を中心に考え、仕事は「余力」でする

「週5日で働くのは体力的に難しいかも」という場合は、**週3日程度の仕事を探すという選択肢もあります**。

近年、とくに定年後のシニア世代を雇用する職場では、**一つの仕事を複数人で分担する「ワークシェアリング」を導入する会社が増えています**。少子高齢化と人手不足が深刻化する中、今後、ワークシェアリングを導入する会社は、さらに増えていくでしょう。

こうした「自分の都合に合わせられる職場」で働くことは、肉体的負担や精神的負荷の軽減に役立ち、「この仕事なら続けられる」という安心感にもつながります。

自分の体力に合ったワークライフバランスを意識することは、シニアが楽しく、長く働くうえでもっとも意識すべき課題といえるでしょう。

現在のシニア世代は、定年まで仕事中心で生きてきたという人も多いはずです。しかし、**定年後は「趣味や日々の生活」を中心に考え、仕事は「余力」でする**、くらいの気持ちでいたほうが、心身の負担なく、楽しく働き続けることができます。

COLUMN

「エイジフレンドリー」とは？

高齢者の特性を考慮した職場づくり

「エイジフレンドリー」とは、「高齢者の特性を考慮した」を意味する言葉で、**年齢を問わず誰もが安心して働ける、安全で健康的な職場環境づくり**のことを指します。

厚生労働省は、2020年に「高年齢労働者の安全と健康確保のためのガイドライン（エイジフレンドリーガイドライン）」を策定。また、2021年には改正高年齢者雇用安定法が施行され、70歳までの就業機会の確保が努力義務となりました。

近年は、少子高齢化による人手不足や働く高齢者の増加などから、高齢労働者が働きやすい職場づくりが求められています。そうした流れから、安全衛生管理体制の確立や職場環境の改善、高齢労働者の個別の健康状態や体力の把握、安全衛生教育の実施などの工夫や取り組みが、企業に求められるようになりました。エイジフレンドリーな職場環境は、企業側の取り組みだけでなく、それぞれの従業員が協力することで実現します。

第7章

シニア世代の自分に合った仕事選び

高齢者が活躍できる仕事とは？

▼こだわりやプライドを捨て、新しいことにチャレンジする

定年後に、どのような仕事をするか考えたとき、**これまで働いてきた会社に再雇用してもらう**というのも一つの選択肢です。

また、**これまでの経験やスキルが活かせる新しい職場に就職する**、あるいは、**これまでの仕事とはまったく違う仕事にチャレンジする**という選択肢もあるでしょう。

もちろん、再雇用を含め、今までの経験やスキルが活かせ、待遇もよい職場に就職できれば、それに越したことはありません。

しかし、再雇用には年数などの限度があり、新たな仕事に挑戦した場合も、現役時代のような好条件でシニアを雇用してくれる職場は多くありません。

過去の肩書にこだわる人やプライドの高い人は、定年前と同じような職種や待遇を望むことが多い傾向にあります。しかし、**「過去の自分」にこだわる人は、多くの場合、就**

職はもとより、仕事を続けることすら難しくなっていきます。

「マネジメントができます」と言われて、「それでは部長になってください」という会社は、（よほどの実力や人脈などがある人でない限り）ないと考えたほうがよいでしょう。

しかし、**こだわりを捨てさえすれば、シニアでもできる仕事はたくさんあります。**

もちろん、なかにはこれまでの資格やスキルが活かせる仕事もありますが、多くは**「簡単だけどなくてはならない、必要とされる仕事」**です。

「そのような仕事で、やりがいが感じられるのか？」と思う人もいるかもしれません。

しかし、我慢強く真面目に、前向きに仕事をしていれば、必ず誰かが喜んでくれます。

そして、仕事を通して人に頼られ、喜ばれることは、やりがいにつながります。

近年、働くシニアや、働きたいシニアを受け入れる職場が増えているといっても、正社員雇用をしている会社は多くありません。

そのため、就職先を探す場合は、パートやアルバイト、派遣社員なども視野に入れたほうが、仕事が見つかる可能性は高まるでしょう。

また、「新しい仕事にチャレンジしよう」という気概のある人のほうが、確実に選択肢が広がり、「やりがいのある仕事」との出会いのチャンスも広がります。

シニア世代の仕事の探し方

▼シニア世代が仕事を探すための方法

「これまでと同じ職場で働きたい」という人の場合は、**再雇用制度や勤務延長制度**が利用できます。

再雇用制度は、いったん退職手続きをして退職金ももらったのち、新たな労働契約で雇用する制度です。そのため、雇用形態や労働条件が大きく変わる可能性があります。

一方、勤務延長制度は、退職をせずに引き続き雇用する制度のため、職務内容や雇用条件の変更が少ない場合が多いです。

ただし、**現在のところ勤務延長制度を導入している会社は少ない**です。

また、ふだんから「定年後の仕事を探している」ことを話し、**知人や友人などから紹介してもらう**という方法もあります。

そのほかにも、次のようなシニア向けの仕事の探し方があります。

▼シニア向け求人サイトを利用する……インターネット上には、「マイナビミドルシニア」「シニア求人ナビ」「シニアジョブ」ほか多くのシニア向け求人サイトがあります。シニア向けに特化しているため効率的に情報収集ができ、無料でアドバイスを受けられるサービスもあります。

▼ハローワークを利用する……各地域のハローワークにはシニア向け求人情報も多くあり、専門の相談員に相談することができます。また、全国のハローワークには「生涯現役支援窓口」が設置されており、シニア向け就職支援セミナーなども開催しています。

▼シルバー人材センターに入会する……60歳以上であれば、各地域のシルバー人材センターに入会できます。紹介される仕事は臨時的・短期的なもののみのため、特定の職場で継続的に働きたいという人には不向きですが、自分の体力や能力、希望に応じて働くことができます。

▼派遣会社に登録する……求職者と雇用主それぞれの希望に添った的確なマッチングが可能、就職先として検討している会社の情報が得やすい、サポート体制や研修が充実している場合が多い、といったメリットがあります。本書監修の高齢社のような「シニアに特化した派遣会社」もあります。

選択肢を広げるためには資格取得も一つの方法

ここからは、シニア世代が多く活躍している主な「職種」を紹介します。

もちろん、ここで紹介する分野・職種とは異なる領域で活躍しているシニアもたくさんいるので、あくまでも参考例としてとらえてください。

なお、**就職先の選択肢を広げるうえでは、シニア求人の多い分野・職種に関連した資格を取得するという選択肢もあります**。その場合、資格を活用することで新たな仕事に挑戦しやすくなる、待遇面がよくなるといったことが期待できます。

高齢者に人気の資格は、「マンション管理士」「宅地建物取引士」「ファイナンシャルプランナー（FP）」「介護福祉士」「社会保険労務士」など多岐にわたりますが、**もし、「どの資格を取ればいいだろう」と迷った場合には、「民間資格」よりも「国家資格」の取得を目指したほうが、認知度や信頼性が高いため、仕事につながる可能性も高まります**。

シニア世代が活躍できる仕事①
マンション管理人

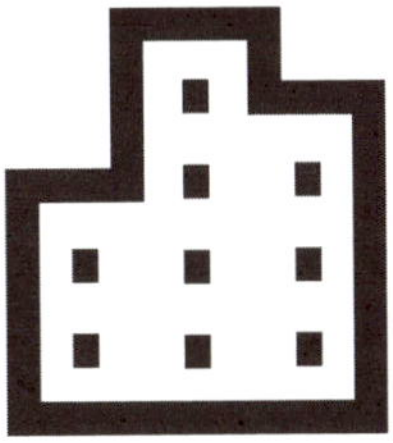

■コミュニケーション能力も必要

主にマンションの維持・管理にまつわる多様な業務や居住者対応を行う仕事です。点検や立ち合いなどの業務も多く、清掃を兼務する場合もあります。

住民間のトラブルがあった場合には、トラブル対応や仲裁役を求められるケースもあるため、一定のコミュニケーション能力や調整力などが求められる場合もあります。

とくにマンションの多い都市部やその近郊では、多くのミドル・シニア世代がマンション管理人として活躍しています。

資格がなくてもできる仕事ですが、国家資格である「マンション管理士」の資格を取得しておくと、就職や待遇面でより有利になります。

シニア世代が活躍できる仕事②

受付・電話受付

■担当する施設の「顔」になる仕事

店舗やショールームなどの施設やイベント会場などで、主に来客の対応をする仕事です。来客の情報登録や管理、担当者への取次、入館証の作成、代表電話対応やメール対応などをする場合もあるほか、庶務や掃除、備品管理などを行う場合もあります。

受付は担当する施設などの「顔」になるため、礼儀正しい受け答えや振る舞いが求められます。

対面での受付とは別に、コールセンターなどでの電話受付の仕事も、座ったままできるオフィスワークのためシニアに人気のある仕事の一つです。

なお、とくにコールセンターでの受付については、一定のPCスキル（主にタイピング能力）が求められることが多いです。

シニア世代が活躍できる仕事③
販売・接客

■「人と接する仕事がしたい」人におすすめ

近年は、とくにスーパーマーケットや大手コンビニなどで、定年後のシニア世代の積極採用が進んでいます。また、各種商業施設や飲食店などでも、シニア層の採用が増えつつあります。

業務としてはレジ打ちや店舗管理などが多いですが、ホールスタッフや各種販売員など、業態によって多様な役割を求められます。店舗や業務内容によって、仕事のハードさや出勤頻度は大きく異なりますが、「週1日〜可」として募集しているケースもあり、希望する日数で働ける可能性が高いです。

基本的には立ち仕事が多いため、それなりの体力は求められますが、「人と接する仕事がしたい」という人にはおすすめです。

シニア世代が活躍できる仕事④

介護

■シニアの特性が活かせる仕事

慢性的な人手不足に悩む介護業界も、シニア世代の採用に積極的な業種の一つです。

介護業界の仕事は、訪問介護員（ホームヘルパー）や介護福祉士、介護助手といった直接介護に携わる仕事のほか、ケアマネージャー、各種の事務や相談員、栄養士など、資格が必要なものから未経験ではじめられるものまで多岐にわたります。

また、近年は、介護施設の利用者を自宅や施設から送迎する「介護ドライバー」として活躍するシニアも増えています。

シニア世代は要介護者と年齢が近いためコミュニケーションがとりやすいということもあり、シニアの特性や人生経験が活かせる仕事といえるでしょう。

シニア世代が活躍できる仕事⑤
清掃員

■自分のペースで無理なく働ける

特別なスキルや資格がなくてもできるため、シニア世代に人気のある仕事の一つです。

清掃を行う場所は、ホテルやマンション、オフィスビル、商業施設、公共施設など多岐にわたりますが、基本的には一人でコツコツと行う業務が多いため、「人と接するのが苦手」という人にも向いています。

体をつかう仕事ではありますが、いわゆる「重労働」は少ないため、体力面については、健康でさえあればさほど心配する必要はないでしょう。

また、清掃業は勤務時間や雇用形態といった面で融通が利く場合が多いため、「週2日だけ働きたい」「午前中だけ働きたい」など、自分のペースで無理なく働きたい人に適しています。

シニア世代が活躍できる仕事⑥

警備員

■シニアにもチャレンジしやすい業種

警備の仕事は多岐にわたりますが、未経験のシニアが就業する場合は、ビルやマンション、商業施設といった施設内の警備を行う「施設警備」か、路上で交通誘導などを行う「交通警備」が主となります。

未経験でも働けること、シフトが比較的柔軟に設定できることから、シニアにもチャレンジしやすい業種の一つです。また、他業種と比べて給与面での待遇がよい、研修が充実しているといったメリットもあります。

立ち仕事の場合が多いためそれなりの体力は必要ですが、通常の業務では、重労働はほぼありません。ただし、真夏の日中、真冬の深夜といった時間帯の屋外での勤務は、シニアには過酷で体調を崩すおそれもあるため、なるべく避けたほうがよいでしょう。

シニア世代が活躍できる仕事⑦

そのほかの仕事

■そのほかのシニア求人が多い職場

軽作業スタッフ……工場や倉庫内で、仕分けや検品、梱包《こんぽう》、在庫管理などを行います。体力的負担は仕事内容によって変わるため、面接時にしっかりと希望を伝えましょう。そのほかの屋内業務としては、**「設備管理」**や**「施設管理」**などもシニアに人気です。なお、設備管理については、現役時代のスキルや資格などが活かせる現場も多いです。

家事代行……料理や洗濯、掃除といった日常の家事が主な業務で、共働き世帯の増加から需要が増えています。主婦としての経験が活かせることから女性に人気が高い仕事です。そのほかの家事に関連した仕事では、飲食店やホテル、病院、社員食堂などでの調理を補助する**「調理補助」**も、女性を中心に人気が高いです。

COLUMN

シニア世代の平均給与

70代以上の就業率は3割以上

国税庁による「令和5年分民間給与実態統計調査」によると、日本における一人あたりの平均給与は460万円（男性569万円、女性316万円）であったのに対し、**65～69歳の平均給与は354万円（男性456万円、女性222万円）、70歳以上の平均給与は293万円（男性368万円、女性197万円）**でした。

この数字を見る限り、70代でも、一人で生活するぶんには十分な給与を稼げているといえるでしょう。

現在は高齢になっても働く人が増えており、**70代以上の就業率は男女合わせて3割以上**に達しています。

しかし、70代は身体的にも変化がある年代のため、長時間労働など「無理して働く」ことは控えたほうがよいでしょう。

シニア就職者アンケート

シニア派遣事業を手がける株式会社高齢社（本書監修）に登録し、それぞれの職場で実際に働いているシニアの方々にアンケートを実施！「定年後に働くこと」についての実体験や実感、アドバイスなどを回答してもらいました。ぜひ、みなさんがこれから楽しく、長く働き続けるためのヒントにしてください。

シニア就職者アンケート①

DATA

佐藤さん（男性）

72歳

現在の職種　配送センターの車両誘導（約4カ月在職）

就業頻度　週2日／一日4時間

定年を迎えてからも働き続ける理由や働く目的を教えてください。

- 65歳で旧職場を定年退職したが、体力もまだあるし、一日の時間が長く感じてつまらない毎日だったため。
- 現役のときも小遣いを妻からもらっていましたが、定年後は毎日家に居て小遣いばかりもらうのに気が引けたので。妻に文句は言われていませんが（笑）
- 退職後も自分の友人たちとの交流や趣味（ゴルフ等）にお金を使いたいので。

元気で健康に働くために気をつけていることを教えてください。

- 仕事は毎日ではないが、基本は毎日起床時間（AM5:00前後）や就寝時間（PM10:00前後）を決めています。
- 仕事がない日はウォーキングを2時間しています。

職場で円滑な人間関係を築くために心がけていることを教えてください。

- 何がなくても「挨拶の励行」ですね！
- 今までの職歴にこだわらず、初心にかえって真面目に仕事をすることを心がけています。

「定年後も働いていてよかった」と思うのはどんなときでしょうか。その理由とあわせて教えてください。

- 前職場が長かったので、新しい仕事を経験できて視野が広がりました。
- 自分の小遣いについて、妻に気を遣わなくて済むことかな（笑）

定年後に働くことを検討している方々にアドバイスをお願いします。

- あまり仕事内容を選《え》り好みしないこと。
- 前の職場のことは忘れて真面目に仕事をすること。

シニア就職者アンケート②

DATA

小林さん（男性）

72歳

現在の職種　派遣社員（約2年2カ月在職）

就業頻度　週3日（一日6時間）

定年を迎えてからも働き続ける理由や働く目的を教えてください。

- 自分自身としては「まだまだ若いのでは」との思いがあり、身体を動かし続けていきたいと思ったからです（今から隠居生活に入ることは、あまりにも早すぎるのでは、との思いが強かった）。
- 会社などで仕事をすることによって、世の中のお役に立てることがあればと考え、仕事をはじめました。

元気で健康に働くために気をつけていることを教えてください。

- 日常生活においては、とくに生活リズムに気をつけて、余裕を持って一日のローテーションを過ごしていくように心がけています（枕元に筆記用具とメモ用紙を置いておき、翌日にやることなど思い出したことがあれば、そのつどメモができるようにと習慣づけている）。
- ふだんから余裕を持って行動できるよう、作業内容をクリアーにして、仕事のペース配分を守りつつ仕事をしています。

職場で円滑な人間関係を築くために心がけていることを教えてください。

- 朝の挨拶が仕事のはじまりと考えています（コミュニケーションはとくに大切にしている）。
- 働く仲間からの問い合わせなどに対しては、私見を含めてなるべく応じるようにしています。また、同僚からの思い（話したいこと）などは、できるだけ聞くように努めています。

「定年後も働いていてよかった」と思うのはどんなときでしょうか。その理由とあわせて教えてください。

- 交流とは、日々の何気ないコミュニケーションからはじまっていると理解しています。そうした場があることに感謝しています。

定年後に働くことを検討している方々にアドバイスをお願いします。

- 常に健康であるように心がけることが大切です。
- 定年後における仕事は、職種を含めて数多くあるように思われがちですが、なかなか現実には厳しいものがあります（職場・職種の環境面、自分の体力との整合性、上下の関係などの影響はとくに受けやすい）。

シニア就職者アンケート③

DATA

関さん（女性）

71歳

現在の職種　制服の洗濯業務（約2年在職）

就業頻度　週3日（一日7.5時間）

定年を迎えてからも働き続ける理由や働く目的を教えてください。

- まずは健康のためです。動いていれば健康になるし、家で主人と二人でいつもいるより、社会へ出ていろんな人と関わり笑顔でいられるから。
- そこそこのお金が得られ、自分の趣味のために、主人に対して遠慮なく自由に使えるのが一番いいです。年を取っても好奇心を持ち行動するためには、お金がかかるもの！ 仕事をしていたおかげで、ローマで開催された世界ベテラン大会の卓球試合に14日間も行くことができました。
- 高齢社に登録したおかげで勉強の時間も取れ、東京都公認審判員の資格に合格してオリンピック選手の審判もできるようになりました。私はまだまだやりたいことがいっぱいあり、そこそこのお金を得るために仕事を長く続けたいと思っています。

元気で健康に働くために気をつけていることを教えてください。

- 私には80代で卓球の試合に出るという夢があります。そのために、足は常に動かすように心がけており、仕事や練習試合などがない日はウォーキングをしています。あとは、規則正しい生活を心がけています。

職場で円滑な人間関係を築くために心がけていることを教えてください。

- 我々高齢者はすでに一線を退いているので、知っていることでも余計な口は出さないようにしています。その代わり、若い人たち以上に身体を動かす努力をしています。たとえば、私が運ぶ、私が持っていくなど「縁の下の力持ち」になろうと思っています。
- 社員の方より先に挨拶をする、笑顔で明るく、を心がけています。

「定年後も働いていてよかった」と思うのはどんなときでしょうか。その理由とあわせて教えてください。

- まったく違った職種の方とも知り合え、親しく話をさせていただき、視野が広がり楽しいです。もちろん、ほどほどの収入は一番の魅力で、給料日は「働いていてよかった」と思います。

定年後に働くことを検討している方々にアドバイスをお願いします。

- 自分は長年、事務職をしていましたが、定年後は社員食堂の調理や、今の洗濯業務などまったく違う仕事ができて毎日が楽しく、身体も動かせて一石二鳥です。あとは「継続は宝なり」なので、趣味を続けていくことも大切だと思っています。

シニア就職者アンケート④

DATA

谷村さん（男性）

81歳

現在の職種　回答なし（約10年）

就業頻度　月17日（一日約8時間）

定年を迎えてからも働き続ける理由や働く目的を教えてください。

- 健康なうちはずっと働きたいし、健康を長く維持していきたいから。
- ボケ防止のため。
- 異業種交流会（22年前に創設）の維持存続のためと交友関係を継続していくため。
- 孫へのときどきの小遣い援助のため。

元気で健康に働くために気をつけていることを教えてください。

- 健康診断は年1回受診。
- コロナ、インフルエンザなどのワクチン接種を定期的に受けています。
- 血圧管理を徹底しています。
- 休肝日を設けています。

職場で円滑な人間関係を築くために心がけていることを教えてください。

- 会社の人すべてを常に上司と思い接しています。もちろん、すべての人に対して「さん」づけで話しています。
- わからないことがあれば、その場で聞くようにしています（自分で判断したことで、あとで問題にならないように気をつけています）。

「定年後も働いていてよかった」と思うのはどんなときでしょうか。その理由とあわせて教えてください。

- ボケ防止になること。
- 健康でいられること。
- 金銭的に余裕があることで、突発的な大きな支出にも対応できること。

定年後に働くことを検討している方々にアドバイスをお願いします。

- 「人生100年時代」と呼ばれる現代は、定年後の人生が非常に長いです。家に籠っていたら健康も害するし、「ボケる」ことも多いと思います。
- 60年間という長い人生経験で培ったものを定年で終わらせることは、社会的にも大きな損失になると思います。健康なうちは、自分のためにも社会のためにも働くことが大きな循環になると思うし、ぜひ、そうならないといけないと思っています。

シニア就職者アンケート⑤

DATA

仲田さん（女性）

75歳

現在の職種 サービス業（コンビニ／約5年在職）

就業頻度 週4日（一日約8時間）

定年を迎えてからも働き続ける理由や働く目的を教えてください。

- 人生における生きがい。
- 経済的な理由のほか、社会とのつながり、体力維持、老化防止につながります。健康で働けることに感謝しています。
- 長年続けている趣味の社交ダンスや、家族との旅行や遊びなどの楽しみのため。

元気で健康に働くために気をつけていることを教えてください。

- バランスのとれた食事や運動、規則正しい生活を心がけています。

職場で円滑な人間関係を築くために心がけていることを教えてください。

- 相手を尊重し、理解しようとすることを心がけることにより、相手との信頼関係やつながりが生まれると思います。

「定年後も働いていてよかった」と思うのはどんなときでしょうか。その理由とあわせて教えてください。

- 規則的な生活ができて、好きなことができる費用が得られて、社会とのつながりが持て、気持ちを充実させることができることです。
- 身体を動かすことで健康にもよいと思います。

定年後に働くことを検討している方々にアドバイスをお願いします。

- 自分の身体の状況や生活リズムなどバランスをとりながら、無理をしないで働くことが大事だと思います。

おわりに

定年後の〝幸せな暮らし〟を見つけよう

今のシニアは、半世紀前の同じ世代の人たちより、確実に〝若返って〟います。そして今もいろいろな職場で、体力も気力もあふれた60代、70代、そして80代が、元気に働いています。

この本で繰り返し述べてきたとおり、現代は「人生100年時代」といわれるようになり、定年後の余生も長くなりました。

生きるため、あるいは出世競争を勝ち抜くために「働く」ことは、確かに苦しく厳しいことかもしれません。

しかし、定年後はそうした「サバイバル」や「競争」に心身をすり減らす必要はありません。

そして定年後も働くことが当たり前になりつつある今は、元気なシニアの方々が「無理なく幸せに働く」ことができる環境が整いつつあります。

もちろん、定年後に働かなくても、楽しく過ごしている人、幸せに暮らしている人はたくさんいます。

とはいえ、もしもあなたが「定年後の暮らしがつまらない」「何をすればいいのかわからない」「先のことが何となく不安」あるいは「社会や人とのつながりが希薄になり孤独だ」などと感じているのであれば、ぜひ、あなたを待っている職場に飛び込んでみてください。

働くことでお客さまに喜んでもらい、周りの人たちから頼られることは「やりがい」や「生きがい」につながります。そして、社会にも貢献できるのです。

本書が、定年後のあなたの暮らしを幸せなものとする〝きっかけ〟となることを祈っています。

監修　株式会社高齢社

定年退職後も健康で働く意欲の高い人の多さに着目し、2000年1月に会社設立。登録社員25名でガス会社やガス機器メーカーの請負業務からスタートし、2002年8月に一般労働者派遣事業許可の取得により、高齢者の人材派遣業務に本格進出。2025年2月現在、派遣登録者数は1000人を超え、業務内容も100種類以上と多岐にわたる。経営理念として下記の4つを掲げる。①定年を迎えても気力、体力、知力のある方々に、「働く場」と「生きがい」を提供していく。②働く人を大切にする（社員≧顧客≧株主の人本主義）。③豊富な経験を活かし、顧客には「高品質・低コスト・柔軟な対応力」を武器に優れたサービスを提供していく。④「知恵と汗と社徳」重視の企業風土を醸成する。

［ホームページ］ https://www.koureisha.co.jp

株式会社高齢社
代表取締役　村関不三夫

人には聞けない60歳からのビジネスマナー

2025年3月12日　第1刷発行

監修　株式会社高齢社
発行人　関川 誠
発行所　株式会社宝島社
〒102-8388
東京都千代田区一番町25番地
電話：営業　03-3234-4621
編集　03-3239-0646
https://tkj.jp
印刷・製本　サンケイ総合印刷株式会社

ISBN 978-4-299-06526-1